CATALOGUE

D'UNE BELLE COLLECTION

DE

LETTRES AUTOGRAPHES

Manuscrits, Documents historiques
Relations de batailles, de siéges, Plans de villes de guerre, de forteresses, etc.

DONT LA VENTE AURA LIEU

LE MERCREDI **18** MAI **1859** ET JOURS SUIVANTS
à 7 heures du soir

RUE DES BONS-ENFANTS, 28, MAISON SILVESTRE
Salle n° 4

PAR LE MINISTÈRE
DE Me PERROT, COMMISSAIRE-PRISEUR
quai des Augustins, 55

ASSISTÉ DE M. LAVERDET, EXPERT
chargé de la vente

Ce Catalogue se distribue

A PARIS
CHEZ LAVERDET, expert en autographes
RUE SAINT-LAZARE, 24

1859

ORDRE DES VACATIONS.

Première Vacation. . . . . — Mercredi 18 mai 1859.
Du nº 1 au nº 160.

Deuxième Vacation. . . . . — Jeudi 19 mai.
Du nº 161 au nº 320.

Troisième Vacation. . . . . — Vendredi 20 mai.
Du nº 321 au nº 480.

Quatrième Vacation.. . . . — Samedi 21 mai.
Du nº 481 au nº 640.

Il y aura chaque jour de vente, de une heure à trois, exposition des pièces qui seront vendues le soir.

Les acquéreurs payeront 5 pour 100 en sus du prix d'adjudication applicables aux frais.

On aura huit jours pour la vérification des pièces ; passé ce délai, aucune réclamation ne sera admise.

M. LAVERDET, chargé de la vente, recevra les commissions qui lui seront adressées (*les lettres doivent être affranchies*). Il est chez lui de une heure à quatre, les dimanches et fêtes exceptés, et du 15 avril au 15 octobre, les mercredis et samedis seulement.

Paris. — Typographie de Gaittet et Cie, rue Git-le-Cœur, 7.

CATALOGUE

DE

LETTRES AUTOGRAPHES.

PREMIÈRE VACATION.

Mercredi 18 mai 1859. — Nos 1 à 160.

1. **ACADEMIE FRANÇAISE** (memb. de l') et de l'Institut.
BERRYER. — DUPIN aîné. — MOLÉ. — MARTIGNAC. — CESSAC. — SAINT-AULAIRE. — VIENNET. — VITET, etc. Vingt lett. et billets sig., aut., et aut. sig.

2. **ACADEMIE FRANÇAISE** (membres de l').
AIGNAN. Deux lett. — ANDRIEU. Trois lett. — BARANTE. Deux lett. — BRIFAUT. — CAMPENON. Deux lett. — DACIER. Deux lett. — DUPATY (Emmanuel). — DUPIN aîné. Trois lett. — LACRETELLE (Charles). Deux lett. — RAYNOUARD. — ROGER. Trois lett. — VILLAR. — VILLEMAIN. Deux lett. — VOLTAIRE. Adresse de lett. aut., cachet. — Ensemble, vingt-cinq lett. aut. sig. Très-bon lot.

3. **ACHARD** (Amédée), romancier.
L. aut. sig., à M... 20 sept. 1853. 4 p. pl. in-8.
Conseils et encouragements pour supporter le mal moral dont il souffre.
ROYER (Alphonse), littérateur, auteur dramatique. L. aut. sig. Paris, 16 mars 1854. 3 p. pl. et quart in-8. Charge.

4. **ADAM**. (Adolphe), compositeur.
« *Le Druide*. Scène lyrique. Paroles de M. Micle. Mise en musique, « pour M. Hermann-Léon, par Adolphe Adam. Aut. sig. 3 mai 1845. « 6 p. in-fol. »

5. **ADELUNG** (Frédéric), savant philologue.
L. aut. sig. (en allemand), à M... St-Pétersbourg, 10 déc. 1828. 2 gr. p. in-4.

6. **ALBANI** (Charles, prince), le prétendant.
L. sig., à M. Caccia. Milan, 22 mai 1816. 3 p. in-4.
Relative à trois statues qu'il a vendues au prince de Bavière.
LAVOLLÉE, secrétaire de Cambacérès. L. aut. sig., au même. 17 mai 1806. 1 p. in-4.
Il tient à sa disposition 105,000 pour objets d'arts vendus par le prince Albani à la liste civile.

7. **ALBERONI** (Jules), cardinal, homme d'Etat.
L. aut. sig. (en italien). 30 juillet 1733. 2 gr. p. in-4. Belle lettre politique.

8. **ALIGRE** (Etienne-Claude d'), président à Mortier au Parlement de Paris, père d'Etienne-François.
Vingt lettres aut. sig., à M. de Gouvilliers, à Orléans. 1725 à 1733, la plupart avec cachet.
ALIGRE (Mme Durey d'), femme du précédent. L. aut. sig. 20 sept. 1732. 2 p. in-4.

9. **ALLARD**, général français au service du roi de Lahore.
Deux lett. aut. sig. (deux écritures différentes). 2 p. in-8 et in-4.

10. **ALLEXANDRE** (Fr.-Jacques), horloger-mécanicien Orléanais.
Six lett. aut. sig., à l'abbé de Hautefeuille. 1723. Ensemble, 8 pag. in-4 (l'une d'elles a une forte déchirure).
Au sujet d'horloges, d'un sablier, de la manière de régler les pendules sur mer, au sujet de l'invention d'une nouvelle chaise à porteurs. Quel avantage y a-t-il à avoir deux ou quatre porteurs? Il dit dans celle datée d'Orléans, le 23 octobre 1723... « Sans aller chercher dans la Chine les quatre porteurs d'un « mandarin, vous les aviez à Orléans, dans l'entrée de Mr. l'Euesque, qui est « porté par quatre barons... »

11. **ANATOLE** (Mlle Constance-Hypolyte Gosselin, dame), célèbre danseuse de l'Opéra. Née en 1793, reçue en 1814.
L. a. s., à M... 5 oct. 1830. 1 gr. p. pl. et quart in-4. Curieuse.

12. **ANDRAL** (G.), médecin en chef de l'armée d'observation du Midi, etc.
Notices sur l'anatomie en cire, sur les plantes grasses artificielles, et sur la statue en bois du museum d'histoire naturelle de Florence. Manuscrit sig. 14 p. in-fol. Très-intéressante pièce.

13. **ANDRYANE**, ami et compagnon de captivité de Sylvio Pellico, auteur de *Mémoires*.
L. aut. sig., à M. Ravrio. La-Chapelle-Godefroid, 13 juillet 1809. 1 p. in-4.

14. **ANGOULEME** (Louis-Ant., duc d'), fils aîné de Charles X.
Pièce a. s., au sujet de questions soumises au Conseil de guerre, pour la formation et l'organisation des régiments qui doivent faire partie de l'expédition d'Alger. Paris, 21 avril 1830. 3 p. pl. in-8.

14 *bis*. **ANQUETIL DU PERRON**, orientaliste.
1° L. aut. sig. (à la 3e pers.), à M. Marcel. Paris, 1804. 1 p. in-8. — 2° Numéro du mois de déc. 1776 du Journal des Savants, avec des corrections et des annotations aut., formant 6 p. in-4. et 1 p. in-8.

15. **ARAGO** (François), astronome, mathématicien.
L. aut. sig., à M... Paris, 14 décembre 1843. 1 p. in-4.

16. **ARAGO** (François). *Le même.*
1° L. aut. sig., à M. Bavoux. 16 août 1840. 1 p. in-4. — 2° « Réponse de M. Arago, député, à M. le capitaine de vaisseau, Dumont-« D'Urville, et examen critique du premier voyage de circum-navigation « de l'*Astrolabe*. » Manuscrit aut. (découpé pour l'impression, et réunie en 2 p. pl. et demie in-fol.).

17. **ARCHEVEQUES ET EVEQUES** de France.
Auch. — Alais. — Alby. — Autun. — Auxerre. — Bayeux. — Belley. — Blois. — Bourges. — Chartres. — Coutances. — Dijon. — Embrun. — Fréjus. — Langres. — La Rochelle. — Limoges. — Lisieux. — Lodève. — Lombez. — Luçon. — Lyon. — Meaux. — Narbonne. — Noyon. — Paris. — Périgueux. — Poitiers. — Rennes. — Thiez. — Rodez. — Saintes. — Saint-Flour. — Sénez. — Sens. — Soissons. — Toulouse. — Tours. — Tulle. — Vannes. — Réunion intéressante de plus de cent lettres sig. et aut. sig.

18. **ARENA** (Barthélemy), député (suppléant) aux Etats-Généraux, à l'Assemblée législative et aux Cinq-Cents.
L. aut. sig. *B. A.*, à Saliceti. Paris, 2 pluviôse an VII. 1 p. in-4.
Toujours de l'incertitude, de l'hésitation relativement à la cour de Vienne...
Saliceti et Aréna aîné. Pièce de comptabilité sig. An VII. 1 p. in-fol.

19. **ARMEE D'ITALIE.**
1° Cinq pièces. Minutes de l'an XIV, etc. 14 gr. p. in-fol.
Ordres du jour, marches, plans d'attaques, etc., sur Vérone, sur l'Adige, sur Vienne, etc., sur la bataille de Calviero..., etc.
2° Lett. du préfet du département du Haut-Adige, sur les mouvements de l'Autriche. — Quatorze lett. et pièces diverses, etc.

20. **ARNAULT DE NOBLEVILLE** (Louis-Daniel), médecin orléanais, auteur d'un traité sur le rossignol. 1701.-1778.
L. aut. sig., à M. Jousse. Orléans, 31 déc. 1729. 3 p. in-4. Cachet.

21. **ARTISTES** des différents théâtres de Paris et des départements. Cinquante-deux lettres et billets aut. sig.
Altairac; Barbot; Belval; Halley; Hermann Léon; André; Jourd'heuil; Julien; Kime; Octave; Mathieu; Monrose; Nourrit fils; etc.

22. **ARTOIS** (Charles d'), comte d'*Eu*, frère de Louis XI.
Quitt. sig. (sur parch.), de la somme de quatre mille livres tournois, reçue de maître Lebourlier, notaire du roi. 4 juin 1454. Bonne conservation.

23. **ARTUS,** bénédictin.
Discours du citoyen Artus, ex-bénédictin, sur la paix générale.... Il termine ainsi: *Vive à jamais Bonaparte...* Lure (Haute-Saône), 3 brumaire an X. 3 gr. p. pl. aut. sig. in-fol.
Pièce curieuse par l'expression extrême de ses sentiments d'admiration pour le premier consul, au sujet des dangers qu'il a courus lors de l'explosion de la machine infernale le 3 nivôse.

24. **ASTRONOMES,** *savants, littérateurs, publicistes,* etc.
Avaray (le duc d'). Cinq lett. — Beauchamp (Alphonse). — Beauvillier (le duc de), gouverneur du duc de Bourgogne. L. sig. — Bouillon (le cardinal de). 1688. — Bouillon (le duc de). Deux lett. — Darcet. Trois lett. — Daru (le comte). Sept lett. — Delambre. Deux lett. — Fabvier (le colonel), célèbre par le procès de la conjuration de Lyon. — Férussac. Deux lett. — Lainé, ministre. 2 lett. — Lagrange, mathématicien. — Marron, pasteur. — Lagarde, pasteur. — Ensemble, trente lett. sig., aut., et aut. sig. Très-beau lot.

25. **AUTEROCHE** (d'), littérateur orléanais.
Douze lett. et pièces aut. et aut. sig. in-4 et in-fol. 1768 à l'an XII.

26. **BACCIOCHI** (Félix), beau-frère de l'empereur Napoléon, mari d'Elisa, général, sénateur.
L. s., à Saliceti. Ajaccio, 17 germinal an VIII. 3 gr. p. in-fol. Cach.
Il lui fait part des nouvelles qu'il vient d'apprendre de l'armée d'Orient, l'évacuation d'Alexandrie, la capitulation de Kléber...

27. **BAILLY** (Jean-Silvain), astronome, memb. de l'Assemblée constituante, maire de Paris. Mis à mort en 1794.
L. aut. sig., à M... 26 mars 1790. demi-p. in-4.

28. **BAILLY** (Jean-Silvain). *Le même.*
1° L. sig. Paris, 19 oct. 1790. 1 p. in-fol. Fac simile. — 2° L. aut. sig. (à la 3ᵉ personne), à M. Anisson Du Perron. Paris, 3 déc. 1786. 1 p. in-8. Cachet.

29. **BARENTIN** (de), intendant d'Orléans.
Vingt-huit lett. sig. et deux aut. sig., de 1748 à 1763.

30. **BARRAS,** conventionnel, membre du Directoire.
L., avec le lieu et la date, de deux lignes aut. sig., avec ces mots aut. en tête: *Paul Barras, à ses collègues à Ollioules.* Marseille, le 9 frimaire an II. 2 p. pl. et quart gr. in-fol.
Superbe lettre et du plus haut intérêt sur les mesures à prendre pour l'attaque de Toulon.

31. **BEAUHARNAIS** (le prince Eugène), vice-roi d'Italie.
1° Cahier d'études de la langue allemande. 24 p. et quart aut. (en allemand et en français), in-4. — 2° L. sig. *Eugène-Napoléon*, au général Vial. Willach, 4 nov. 1809. 1 p. pl. in-4.
Détails politiques et militaires.

32. **BEAUHARNAIS** (famille de).
Beauharnais (le prince Eugène). L. sig. 1823. 1 p. in-4.
Beauharnais. L. aut. sig. Rochefort, 1737. 2 p. in-4.
Beauharnais (le marquis de). 2 lett. aut. sig. 1769 et 1771. 2 p. in-4.
Beauharnais de la Boische. Cinq lett. aut. sig. Orléans, 1650 à 1658. Ensemble, 9 p. in-4 et in-fol.

33. **BEAUREGARD** (Brumeau de), évêque d'Orléans.
Quinze lett. a. s. dat. d'Orléans, de 1824 à 1830, in-12, in-8 et in-4.

34. **BEAUVAIS DE PREAU**, archéologue orléanais.
Trois lett. aut. sig. 1785-1786. Ensemble, 5 p. in-4.

35. **BEAUVILLIER** (Paul, duc de), gouverneur du duc de Bourgogne, puis du duc d'Anjou. N. 1648. M. 1704.
L. avec un postscriptum de neuf lig. aut. sig., à M. le cardinal de Bissy. 3 déc. 1698. 2 p. pl. et demie in-4.

36. **BELLOC** (Mme Louise), littérateur.
L. a. s. de ses initiales, à M... Lacelle, 21 sept. 1854. 3 gr. p. pl. in-8.
Très-intéressante lettre au sujet des confidences qu'il lui a faites de ses chagrins, et des actes de désespoir auxquels ils peuvent le porter.

37. **BELLOY** (Pierre-Laurent *Buirette De*), comédien, auteur dramatique, membre de l'Académie française.
L. aut. sig., à Ducis. Mercredi 31 .... 1 p. in-8.

38. **BEN AISSA** (Ahmet), fils du défenseur de Constantine.
Sa signature arabe suivie de son cachet, au bas d'une lettre (en français), adressée à Monseigneur .... Paris, 25 mars 1842. 2 p. in-4.
Au sujet de la grâce accordée à son père, par le roi.

39. **BERGASSE** (Nicolas), publiciste, député aux Etats-Généraux. Né à Lyon en 1750. Mort en 1832.
1° Billet aut. sig., à M.... 8 juin. Demi-p. in-8. Intéressant. — 2° L. aut., au citoyen Aubert Du Petit Thouars, naturaliste, à l'Ile-de-France. Sans date. 1 gr. p. pl. in-4.
Il ne gardera pas la maison qui a été achetée auprès de Fontainebleau, parce qu'il a en horreur le voisinage de Sodome... Il ira finir en paix une vie trop traversée, et qui lui serait insupportable, s'il ne mettait entre les hommes et lui, un mur d'oubli qui leur dérobe son existence, et lui dérobe à lui l'affreux spectacle de leur perversité et de leurs crimes. « Laissés dire les habiles du siècle « qui croyent que la révolution est finie. Ils soupçonnent bien peu la cause pro- « fonde qui l'a préparée et qui l'entretient. Il faut que la lave des vices enflammés « dont le foyer est en France, coule en torrents sur la malheureuse espèce hu- « maine; il faut que les nations soient suffisamment agitées pour l'être ensuite « toutes à la fois. Il faut... L'état moral du monde entier est vraiment effrayant, « et il y a des raisons invincibles pour croire qu'il touche à une de ces grandes « années climatériques, qui, après d'épouvantables bouleversements, lui prépa- « rent des destinées différentes de celles auxquelles il était accoutumé... etc. »

40. **BERGIER** (l'abbé Nicolas-Silvestre), confesseur du Roi, auteur du *Dictionnaire de Théologie* de l'encyclopédie méthodique, etc.
L. aut. sig., à Bernardin de St-Pierre. Versailles, 31 déc. 1775. 1 p. in-4. Cachet.

41. **BERNIER** (Etienne-Alex.), Evêque d'Orléans.
1° L. aut. sig., à MM... Paris, 20 germinal an X. 2 p. in-4.
2° L. aut. sig., à M. Bonneau. Paris, 11 février 1804. 1 p. in-4.

42. **BERNIER,** évêque d'Orléans. *Le même.*
Trois lett. aut. sig. 1802 à 1806. 3 p. in-4.

43. **BERNIER,** évêque d'Orléans. *Le même.*
1° Cinq lett. aut. sig. 1802 à 1806. Ensemble, 7 p. in-4.
2° Quatre pièces administratives sig.

44. **BERRI** (Charles-Ferdinand, duc de), assassiné en 1820.
L. aut. sig., au maréchal duc de Tarente. A l'Elysée, 7 déc. 1816. Demi-page in-4.

45. **BERRI** (voyage du duc de) en 1814.
Quatre lett. sig. et aut. sig. de Chappe; Du Monceau, comte de Beau regard; La Rochassière, et le comte de Nantouillet, au sujet du voyage du prince. 9 p. in-4 et in-fol.

46. **BERRI** (Mme la duchesse de), mère de M. le duc de Bordeaux.
L. aut. sig. de son initiale *C.*, à M. le baron de Damas, à Saint-Cloud, 28 mai 1830. Demi-p. in-4. Cachet arraché.

47. **BERRYER,** avocat, député, de l'Académie française.
1° L. aut. sig., à M. le premier président... Paris, 7 mai 1828. 1 p. in-4. — 2° Billet aut. sig. — 3° L. (lithographie), avec postcript. de 5 lig. aut. sig. Paris, 25 oct. 1837. 3 gr. p. in-4., au sujet des élections générales. Curieuse.

48. **BERTERA** (Barthélemy-Antoine), grammairien, interprète du roi de France.
Quatre lett. aut. sig., à l'abbé du Creux d'Epival, à Orléans. Paris, 1747-1749. Ensemble, 14 p. pl. in-4. Intéressantes.

49. **BERTHEVIN** (Jules-Julien-Gabriel), littérateur, conservateur de l'Imprimerie royale.
Onze lett. aut. sig., et cinq lettres et pièces aut.

50. **BERTIN** (le chevalier Antoine de), poëte érotique, capitaine de cavalerie, ami de Parny. N. 1752. M. 1790.
L. aut. sig., à M... du château de Marly, le 23 sept. 1786. 2 p. in-4. *Rare.* (Malheureusement coupée du haut en bas de la marge extérieure du recto. La fin de toutes les lignes de la première page a été touchée par les ciseaux, mais la lettre peut être lue entièrement.

51. **BERTIN** (le chevalier Antoine de). *Le même.*
Quitt. (imp.), en partie aut. sig., de la somme de six cents livres, pour le dernier quartier de ses gages de sa place de lecteur de Mgr le duc de Berry. Paris, 25 janvier 1787. 1 p. in-4. *Rare.*

52. **BERTRAND DE MOLEVILLE,** ministre d'État, historien. Né à Toulouse en 1744. Mort en 1817.
L. a. s., à Messeigneurs... Paris, 10 octob. 1815. 1 gr. p. in-fol. Belle pièce.
Hommage de l'histoire qu'il a composée en anglais sur un nouveau plan, et qui a été publiée à Londres en 1812.

53. **BERTRAND** (le général), grand maréchal du Palais.
L. aut. sig., à madame la maréchale... 3 avril 1842. 1 p. pl. et demie in-4.

54. **BIRON** (Armand de Gontaut, seigneur, baron de), maréchal, grand amiral de France, tué au siége de Saint-Quentin, en 1592.
Sa sig. sur un rôle d'hommes d'armes, et contresig., avec cachets, en date de Paris, du 3 mai 1576. 3 gr. p. in-fol. (Parch., incomplète du commencement).

55. **BITAUBÉ**, littérateur, poëte.

1° L. aut. sig., à M. Roches. Paris, 11 nivôse an XII. 1 p. in-8.

2° L. a. s., au même. Paris, 25 prairial an XI. 1 gr. p. pl. in-4.

56. **BOISSY**, provincial des jésuites de la province de Toulouse.

L. aut. sig., à son ami... Toulouse, 26 oct. 1740. 8 gr. p. in-4.

Très-belle lettre littéraire. Curieux détails.

57. **BOISSY-D'ANGLAS** (le comte), constituant, conventionnel, sénateur, etc. N. 1756.

Notes sur son article nécrologique, par le baron Boissy-D'Anglas, son fils. Aut. sig. 27 mai 1827. 8 gr. p. in-fol.

Très-intéressant document sur les principaux événements de sa vie politique. On y lit, sur la séance de la Convention qu'il présidait au moment de l'assassinat du député Ferraud : « Un adjudant-général, nommé Fox, qui était « de service auprès de la Convention, vint annoncer à M. Boissy que les attrou- « pements s'augmentaient d'une manière inquiétante et lui demanda ses ordres; « M. Boissy les lui donna par écrit et de sa main; ils portaient de repousser « la force par la force; au moment où on lui présenta la tête de Ferraud, que « l'on disait être celle de Fréron, il crut que l'on venait de nommer Fox; pen- « sant alors qu'on allait trouver sur cet officier-général les ordres ci-dessus, « M. Boissy se crut totalement perdu; et, résigné à subir le même sort, il sa- « lua religieusement cette tête sanglante... »

58. **BONAPARTE**, comme général d'artillerie.

Pièce sig. *Bonaparte*. Copie des ordres du ministre de la guerre du 5 nivôse an II, pour faire passer des canons, des mortiers, de la poudre, des bombes et des boulets, à Bayonne, en Corse et en Italie (Etat détaillé). 2 p. in-fol.

59. **BONAPARTE**, comme commandant de l'armée d'Italie.

Ordres sig., comme général en chef de l'armée d'Italie. Monte-Bello, 6 prairial an V. 1 gr. p. in-4.

60. **BONAPARTE**, premier consul de la république.

Sa signature: *Bonaparte*, au bas d'un décret de convocation pour les élections... contresig. Chaptal et Hugues Maret. Paris, 11 pluv. an XII. 1 gr. p. in-fol. — Fac simile.

61. **BONAPARTE** (Joseph), roi d'Espagne.

1° Deux lett. aut. sig. An VIII. 2 p. in-4. — 2° Deux pièces sig. An XII. 2 p. in-4.

Bonaparte (Lucien). L. sig. An VIII. 1 p. in-4.

62. **BONAPARTE** (Jérôme), roi de Westphalie.

L. a. s. *Jérôme*, à M. Lucci. Florence, 15 janv. 1843. Demi-p. in-8.

63. **BONAPARTE** (Pauline), princesse *Borghèse*.

L. aut. sig. *Pauline*. 22 nov. 1810. 1 p. in-4.

64. **BONAPARTE** (Charles), savant, fils aîné de Lucien, membre de l'Institut.

L. aut. sig. 25 janvier 1851. 1 p. in-12.

Bonaparte (le prince Napoléon), ministre de l'Algérie et des colonies. Billet aut. demi-p. in-8. Joli cachet.

65. **BONAPARTE** (Pierre-Napoléon), fils de Lucien, représentant du peuple en 1848.

L. aut. sig. 16 avril. 1 p. pl. in-8. (Fatiguée).

66. **BONAPARTE** (Mathilde), Mme la princesse Demidoff.

L. aut. sig. *Mathilde Bonaparte Demidoff*. 30 avril. 1 p. in-12.

67. **BORDEAUX** (Henri-Charles-Ferd.-*Dieudonné*, duc de).

Devoirs d'histoire. Dictée du 25 mars 1830. aut. sig. 1 gr. p. pl. in-4. Très-belle pièce.

« Avant la bataille de Bouvines, Phillippe-Auguste fait placée son sceptre et « sa couronne sur un autel élevée, à la vue de l'armée, et haussant la voie il

« s'écrie : Seigneurs français et vous tous valeureux soldats, qui êtes prêts à « exposer votre vies pour la deffence de cette couronne, si vous jugez qu'il y « est parmis vous quelqu'un qui en soit plus digne que moi, je la lui cède, pourvu « que vous vous disposiez à la conserver entière, et à nej pas la laisser « démembrer par ces excommuniés... »

68. **BOSCHERON DEPORTES**, père, président à la cour royale d'Orléans.

Douze lett. aut. et aut. sig. 1828 à 1832. in-8 et in-4.

69. **BOSSUET** (J.-B.-Bénigne), évêque de Meaux.

1° Fragment aut. (extr. de Daillé, auteur protestant), 1 p. in-8. — 2° Devoirs du Grand Dauphin, corr. par Bossuet. 12 gr. p. in-4.

70. **BOTTA** (Charles), historien et poëte.

L. a. s., à M. Ginguené. Paris, le 11 mai 1806. 2 p. pl. et demi in-4.

Il le prie de lui donner des renseignements sur les questions suivantes, au nombre de dix-sept :

1° Si d'après les instructions, verbales ou écrites, qu'il a reçues du gouvernement français, lors de son ambassade près la cour de Turin, on a pu entrevoir l'intention expresse, ou tacite, de ce gouvernement, pour renverser le gouvernement du Piémont, ou d'opérer une révolution dans ce pays... — 5° Que disait-on à Turin, le jour de l'entrée des troupes françaises dans la citadelle... — 6° Des détails sur les mouvements insurrectionnels qui éclatèrent en Piémont à la même époque; sur leurs chefs, sur leurs vues, sur leurs moyens, sur les moyens que le roi a mis à exécution pour les étouffer, sur la manière dont le gouvernement français les envisageait, et sur le parti qu'il en a tiré, ou bien qu'il se proposait d'en tirer pour ses propres intérêts... etc. etc.

71. **BOUFFE**, célèbre comédien.

L. aut. sig., à M. Derval. 3 novembre 1830. 3 gr. p. pl. in-4.

Curieux détails sur ses contestations avec son directeur.

72. **BOUFFLERS** (Louis-Fr., duc de), maréchal de France.

L. aut. sig., à M... Maubeuge, 31 oct. 1692. 1 p. pl. in-4.

73. **BOUFFLERS** (Stanislas, marquis de), poëte, membre de l'Académie française.

Billet de quatre lignes aut. sig. 9 brumaire an X. 1/2 p. in-8.

Bérenger, auteur des *Soirées provençales*, 2 lett. a. s. an XI. 2 p. in-8.

Boieldieu, compositeur. L. aut. sig. 1828. 1 p. in-8.

Weiss (Charles), historien. 2 lett. aut. sig. 1833. 3 p. in-8.

74. **BOURBON-CONDÉ** (Louise-Marie-Thérèse-Bathilde d'Orléans, duchesse de), mère du duc d'Enghien.

L. aut. sig., à M... 16 juillet 1818. 1 p. pl. in-4.

75. **BOURBONNE-LES-BAINS** (les eaux de).

Pétition adressée à la Convention nationale par la société des Amis de la liberté et de l'égalité, réunis aux autorités constituées du district et de la commune de Bourbonne-les-eaux, tendante à faire déclarer bien national les eaux minérales de Bourbonne, délibérée en présence du citoyen Rulh, représentant du peuple, en commission dans le département de la Haute-Marne, le 3e jour de la 2e décade, du 2e mois de la 2e année de la République, signée par Voytier et Thomarleje, commissaires délégués près la Convention nationale. En marge, le conventionnel Bordas a écrit et signé : Renvoyé au comité des Domaines nationaux, le 9 thermidor an II.

76. **BOURBOTTE**, conventionnel. Il se poignarda au moment de monter à l'échafaud.

L. aut. sig., au citoyen Dudaujon. 25 prairial an III. 2 gr. p. pl. in-4. Tête imp. Vignette.

Il lui serait bien dur de vivre encore quelques instants avec la désolante idée que la faculté de voir son fils lui sera ravie. « Réclames-la pour moi au nom « de la nature dont les sentiments ne peuvent se taire dans mon âme, si quel« qu'un voulait en contester les droits. Sa voix seule porte mon cœur à une sorte « d'émotion pénible; mes malheurs ne l'ont point abbatu parce que j'aurai pour « les supporter jusqu'au dernier moment, le courage de l'innocence... »

77. **BOURGOGNE** (Louis, dauphin, duc de), petit-fils de Louis XIV. N. 1682. M. 1712.

1° Passeport signé, aux armes de France. Du camp de Saulsoy, 4 déc. 1708. p. in-fol. Portr. in-8. — Dialogue entre M. de Langeron et M. de l'Echelle. Etude aut. de l'enfance du Duc. 3 p. pl. in-4.

78. **BOURMONT** (le général, comte de).

L. aut. sig., à Mgr... Paris, 5 juin 1816. 1 gr. p. in-fol.

79. **BOUVARD** (Michel-Philippe), célèbre médecin, membre de l'Académie des sciences. Né à Chartres.

Consultation aut. sig. Paris, 20 août 1771. 2 gr. p. in-4.

ALIBERT, médecin. 6 lett. aut. sig. in-4.

80. **BRADY** (Mme la comtesse de), romancière.

Six lett. aut. sig., à divers. 2 p. in-8 et 8 p. in-4, intéressantes, et lett. aut. sig. de M. de Brady. 1827. 1 p. in-8.

81. **BRIFAUT** (Charles), membre de l'Académie française.

L. aut. sig., à Mme la vicomtesse.... Paris, le 8 août 1845. 2 p. et demie in-8.

Charmante lettre. Eloge des qualités de son cœur et de son esprit. L'ouvrage qu'elle vient de publier sur le dix-huitième siècle le réhabilite...

82. **BRILLAT SAVARIN**, auteur de la *Physiologie du goût*.

L. aut. sig., à M. le Président..... Paris, 24 août... 1 p. in-4.

83. **BUFFON** (le comte de), le célèbre naturaliste.

Reçu sig. de dix exemplaires reliés du tome cinquième des oiseaux de son histoire naturelle qui lui ont été livrés par M. *Dupéron*. Paris, 29 sept. 1779. Demie p. in-18.

84. **CABRERA**, comte de *Morella*, célèbre général espagnol.

L. aut. sig., à M. Barry, à Hyères. Lyon, 17 août 1841, 1 p. pl. in-8.

85. **CAILLARD** (Abraham-Jacques), l'un des avocats les plus distingués au Parlement de Paris, l'élève et l'ami intime du célèbre Pothier.

L. aut. sig., à M. Tassin de Vilpion, à Orléans. Paris, 11 nov. 1760. 2 p. et demie in-4.

86. **CARDINAUX**, clergé catholique.

BERNIS; TENCIN; VINCENT, archevêque de Nisibi, 2 lett.; LECUY; SIOCHAN, 2 lett.; LEMASCRIER; MONFORT; MUNSTER (de); MOUSSAUD; PÉRIGNY; POINTEAU, 2 lett.; REMOND; SÉGUIRAN; TURLOT, 2 lett.; VAINES (de); VALLET, 3 lett.; — AUFRERY; BIGNON; BILLOUET, 3 lett.; BLANDIN; BRISSAULT; CROY (le prince de); DELAGUELLE; D'HARAMBURE; DUCREUX; EMERY, 3 lett.; GIRAULT VERDOYS, 2 lett.; GRANDMAISON. 3 lett.; GUYOT; RIBALLIER; MOLITARD (Mme de), abbesse de Saint-Cyr. — Ensemble, 45 lett. sig. et aut. sig.

87. **CARDINET** (Jean), prévôt d'Orléans.

Deux pièces sig. Orléans, 1608. 3 gr. p. in-fol. Intéressantes.

CARDINET (Claude), conseiller du roi et du duc d'Orléans. Deux pièces sig., (sur parch.). 1629 et 1631.

88. **CAYLUS** (Charles-Gabriel de Pestel de Lévis de Tubières de), évêque d'Auxerre. N. 1669. M. 1754.

1° L. aut. sig., à M. Trudaine. 6 nov. 1755. 1 p. in-4. — 2° L. aut. sig., au R. P. Jabineau. 18 juin 1752. 3 p. in-4.

89. **CERUTTI** (Joseph-Ant.-Joachim), jésuite, littérateur, poëte, publiciste, membre de l'Assemblée législative, ami de Mirabeau. N. 1738. M. 1792.

L. aut., à son ami... Paris, 22 mai 1787. 4 p. pl. in-4.

... L'assemblée des notables occupe toutes les voix de la renommée. Ils sont au moment de leur séparation. Ils préparent leur dernier arrêté, et ils recevront jeudi leur audience de congé. « Cette semaine influera sur tout le règne de « Louis seize, et sur toute la suite de la monarchie. Si le dernier arrêté passe « tel que je l'ai vu ébauché, il servira de grande charte à la Nation. L'arche- « vêque-ministre va demeurer chargé d'un terrible fardeau : l'état à libérer, « la cour à réprimer, cent mille intérêts opposés à régler et à satisfaire, quel « travail ! Il faudroit Neuton pour le calcul et Caton pour la fermeté, ou ce qui « réuniroit les deux, il faudroit M. Nekre. Mais on n'espère plus son rappel. « Un parti puissant l'exclut, et de vils écrivains l'outragent. Le pamphlet de « M. de Mirabeau circule dans les ténèbres : la rage le dicta, la rage l'applau- « dit. Des gens ruinés osent attaquer l'administration de l'économie, des gens « déshonorés osent attaquer la réputation de la vertu. On dirait que Calonne « règne encore. Il a fait habiller pompeusement quarante gardes-chasse avec « lesquels il parcourt en triomphe ses forêts et son marquisat, ou plutôt ses « larcins. En vérité ! il mériteroit d'être pendu aux petites maisons ou sur les « tréteaux de la foire... »

90. **CERVONI,** général de division corse.

1° Arrêté du premier Consul, paragraphé par Alex. Berthier. 8 frimaire. 1 p. in-4, avec la jolie vignette de Roger. — 2° Sept lett. aut. sig. (Tête impr.). à Saliceti, délégué extraordinaire du gouvernement, du 13 au 25 ventôse an VIII, relatives à l'expédition contre la Sardaigne. 6 p. in-4 et in-fol.

Casalta, général corse. Trois lett. aut. sig. (P. D.), à Saliceti, sur la Corse. An VIII. 6 p. in-4 et in-fol.

91. **CHAMPCENETZ** (de), gouverneur des Tuileries au commencement de la Révolution.

L. aut. sig., à M... Meudon, 4 oct. 1764. 1 p. pl. in-4.

92. **CHARBUY** (François-Nicolas), professeur d'éloquence au collége d'Orléans. N. 1715. M. 1788.

L. a. s., à son cousin, M. Jousse, conseiller au Présidial d'Orléans. Paris, 25 mars 1762. 3 gr. p. in-4. Très-belle lettre. Cachet.

93. **CHARLES IX,** roi de France.

L. sig., à nos chers et bien amez, les conseillers de notre ville de Lyon. Paris, 9 mai 1568. 1 gr. p. in-fol.

Au sujet de l'église de Saint-Jean de la ville de Lyon.

94. **CHARLES IX,** roi de France.

Pièce sig., et contr. De L'*Aubespine*. 1565. sur parchemin. Port.

95. **CHARLES X,** roi de France.

Réponse aut. sig., à des questions au sujet de services dans l'armée de Condé. Edimbourg, 13 mai 1796. 1 p. à mi-marge, in-fol.

96. **CHARLES,** cardinal de Bourbon, proclamé roi de France sous le nom de *Charles X* par la Ligue.

Pièce sig. (sur parchemin, grand in-folio en travers), signée aussi par Charles, cardinal de Lorraine, et Nicolas, cardinal de Pellevé. 29 août 1571. (Jaunie par le temps).

Députés du pape, pour la vendition et aliénation à perpétuité de cinquante mille écus de rentes des biens du clergé du royaume de France, suivant sa bulle donnée à Rome le 25 août 1568, et depuis homologuée en la Cour du Parlement de Paris, ils approuvent la vente faite par les commissaires nommés par le diocèse d'Evreux, pour satisfaire à la taxe à laquelle a été par eux « cotizée l'abbaie Notre-Dame du Brout Benoist du dict diocèse,... de deux arpens de prés en une pièce située et assise en la paroisse de Sorel...

97. **CHARLEVOIX** (Pierre-François-Xavier de), jésuite, rédacteur du journal de Trévoux pendant 24 ans. Né à Saint-Quentin en 1682. Mort à la Flèche en 1761.

Billet aut. sig. 15 nov. 1731. in-8 en travers.

Crenière (Antoine), oratorien. Deux lett. aut. sig. 1715. 6 p. in-8 et in-4.

98. **CHASTELLUX** (Jean-François, marquis de), membre de l'Académie française. Mort en 1788.

1° L. aut. sig., à M... 7 février 1781. 1 p. in-8.

2° L. aut., à M. le duc de Nivernais, à Rome. 16 juin 1749. 2 p. pl. et demi in-4. Cachet. Curieuse.

99. **CHAUVEAU DE LAGARDE**, défenseur de la reine Marie-Antoinette. N. 1767. M. 1841.

L. aut. sig., à M... Paris, 31 août 1825. 1 p. et quart in-8.

100. **CHAUVELIN** (l'abbé de), adversaire des jésuites.

Deux lett. aut. sig., à M Jousse, à Orléans. Paris, 1748 et 1757. Deux demi-pages in-8. Cachets.

101. **CHIFFLET** (Pierre-François), savant jésuite, garde des médailles du Roi. Né à Besançon.

L. aut. sig., au père Philippe Labbe. Dijon, 3 janvier 1666. 1 p. pl. in-4. Cachet.

Au sujet de plusieurs archevêques de Lyon, cités dans les catalogues et dans différents ouvrages.

102. **COLET** (Mme Louise), née *Revoil*, poëte.

Le Fléau, Poëme aut. sig. *Une femme*. 16 août 1831. 9 p. pl. in-8.

103. **COLLET** (Pierre), prêtre de la mission, auteur d'une Vie de Saint-Vincent de Paul.

L. aut. sig., au frère Joseph Meunier, prêtre de la Congrégation de la mission, à Crécy. 9 août 1770. 1 p. pl. in-8.

Pater (Dom), bénédictin, bibliothécaire de Saint-Germain-des-Prés. L. aut. sig. (en latin), au père dom Anselme, à Rome. Paris, 20 octobre 1766. 1 gr. p. pl. et demi in-4. Cachet.

104. **COMITE DE SALUT PUBLIC** de la Convention.

Cinq arrêtés sig. par Cambacérès, Treilhard, Doulcet de Pontécoulant, Fourcroy, Charles Cochon, Carnot, Richard, Thuriot, Prieur (de l'Oise), Blad, Collot d'Herbois, Billaud Varenne, et André Dumont. 5 p. in-4 et in-fol.

Laplanche, conventionnel. L. aut. sig. et 2 lett. sig. Orléans et Caen, 1793, in-8, in-4 et in-fol.

105. **COMPOSITEURS ET INSTRUMENTISTES.**

Bazzini ; Batta ; Berton ; Belin; Boisselot ; Boulanger , Dizi; Dubois ; Duret ; etc., etc. 26 lettres et pièces sig. et aut. sig.

106. **CONDE** (Louis II de Bourbon, prince de), dit le *Grand*.

Pièce sig. Saint-Germain, 2 sept. 1662. 1 p. in-4. Cachet.

Condé (Henri de Bourbon, prince de), père du précédent. Lettre avec la souscription d'une ligne aut. sig. 1606. 1/2 p. in-fol. Cachet.

Condé (Louis-Joseph de Bourbon, prince de). L. sig. 1788. 2 p. in-fol.

107. **CONDE** (Louis-Henri de Bourbon, prince de).

L. aut. sig., au cardinal de Bissy. Chantilly, 28 janvier 1727. 3 p. pl. et quart in-4.

Au sujet de son exil à Chantilly. Il le remercie affectueusement de toutes les démarches qu'il a pris la peine de faire à son sujet.

108. **CONDILLAC** (l'abbé Etienne *Bonnot* de), grammairien, philosophe, membre de l'Académie française.

L. aut. sig., au duc de Nivernais. Parme, 27 sept. 1766. 3 p. in-4. La réponse aut. du duc remplit la 4e page. Curieuse.

109. **CONDORCET** (le marquis de), philosophe et littérateur.

L. aut., au comte d'Angiviller. Ce lundi. Demi-page in-4.

Au sujet du mémoire de Réaumur sur la porcelaine.

Condorcet (Jacques-Marie de), évêque de Lisieux. L. aut. sig. Lisieux, 3 janvier 1778. 3 p. in-4.

110. **CONTI** (Louis-Armand de Bourbon, prince de).
L. aut. sig., à Monsieur le Prince (de Condé), son oncle. Versailles, 24 juillet (1674). 2 p. pl. in-4. Intéressante.

111. **CORDIER** (Claude-Simon), chanoine d'Orléans, auteur de la vie de la mère de Chantal.
L. aut. sig., à M... 12 avril 1748. 1 p. in-4.

112. **CORILLA** (Marie-Madelaine *Fernandez*, dite), célèbre improvisatrice, couronnée au Capitole.
1° L. aut., à... 17 oct. (prose et vers), 3 p. in-4. — 2° L. aut., à... Bologne, 11 juillet. 2 gr. p. pl. in-4. — 3° Deux pièces de vers aut. 2 p. in-4. — Ces quatre pièces sont en italien.

113. **CORMENIN** (le vicomte de), député, publiciste.
Quatre lett. aut. sig., à M. De Laplace, à Orléans. 4 p. in-8 et in-4.

114. **CORNEILLE** (descendants de Pierre).
Demande au Roi de continuation d'une pension de 2000 fr. pour les descendants de P. Corneille par l'Académie française, signée par Charles Nodier, Alex. Duval et Arnault. Paris, juin 1834. 2 p. in-fol. Tête imprimée de l'Académie, avec la vignette. Pièce intéressante.

115. **COURIER DE MERE** (Paul-Louis), helléniste.
L. aut. sig., à M. Baudry. La Chavonnière, près Tours, le 14 juillet 1819, 1 p. in-4.

116. **CREQUI** (François de), maréchal de France.
L. a. s., à M. le comte de Bissy. Nancy, 3 août 1676. 1 p. in-4. Cachet.

117. **D'AGUESSEAU**, chancelier de France.
Neuf lettres sig., adressées à M. le procureur général, à Orléans. Paris, 1701 à 1713. Ensemble, 16 p. in-4

118. **DAMES AUTEURS**, nobles, religieuses, etc.
La Rochejacquelein (Mme de *Donnissan*, marquise de). L. aut. sig. 1 gr. p. in-4. — Gouvion Saint-Cyr (la Maréchale). — Chastenay Lanty (Victorine), 2 lett. — Ducrest (Georgette), nièce de Mme de Genlis. — Brayer (Louise de Saint-Léon). 2 lett. — d'Alègre de Rupelmonde. 1738. — Humières (Julie de). — Ussieu (Alexandrine, dame d'), romancière, agronome. — Huet de Froberville (Adélaïde), orléanaise. — Barthélemy (Michel, dame), orléanaise. 2 lett. — Matignon Fitz James. — Noailles de Mancini. 1733-1763. 6 lett. — Pastoret. — Bauville, abbesse de Saint-Loup-lez-Orléans. 5 lett. adressées à M. Jousse, à Orléans. 1754-1755. — Richelieu du Chastelet (Marie-Angelique, abbesse du trésor. 8 lett. adressées à M. Polluche l'aîné, à Orléans, 1729, plusieurs avec cachet. — Ensemble, 33 lett. aut. sig. Très-beau lot.

119. **DANTON**, conventionnel, ministre de la justice.
Sa signature découpée d'un certificat.
Barère, conventionnel. L. a. s. (à la 3e personne). an XII. 1 p. in-8.
Baudin (des ardennes), conventionnel, 2 L. a. s. an IV. 2 p. in-4.

120. **DAUBENTON** (Guillaume), jésuite, confesseur de Philippe V, roi d'Espagne.
L. a. s., à Mgr... Aranjuez, 24 juin 1715. 4 p. pl. in-4. (Remontée). Lettre intéressante au sujet de sa situation à la cour d'Espagne.

121. **DAUBENTON** (Louis-Jean-Marie), célèbre anatomiste, ami et collaborateur de Buffon. N. 1716. M. 1800.
1° Certificat sig. de présence à ses cours. 1788. 1 p. in-4.

2° L. aut. sig., au citoyen Junot, à la Bergerie de Courtangy, par Montbard. Paris, 26 prairial an IV. 1 p. pl. in-4. Cachet.

Au sujet de la vente de ses moutons et de leur laine.

122. **DE BURE** (Guillaume), savant bibliographe.

1° L. aut. sig., à M... (Jousse, je crois) Paris, 1er avril 1757. 4 gr. p. pl. in-4.

2° L. a. s. (présumée au même). Paris, 29 août 1776. 1 p. in-4.

123. **DEFAY BOUTEROUE** aîné, naturaliste, physicien.

Notes, dissertations, etc., sur divers sujets d'histoire naturelle, etc. aut. 29 fragments séparés in-8 et in-4.

124. **DEJAZET** (Mlle Virginie), célèbre comédienne.

1° Billet aut. sig. 1 p. in-18. — 2° L. aut. 11 heures du matin. 4 p. pl. in-8. Très affectueuse, très intéressante.

125. **DEJAZET** (Mlle Virginie). *La même.*

L. aut. sig., à M. Clairville. Brest, jeudi, sept. 1853. 4 gr. p. in-8. Port. au crayon dans Bonaparte à Brienne, in-8. Curieuse lett. toute théâtrale.

126. **DELAMBRE**, astronome, mathématicien, de l'Institut.

1° Rapport signé, sur deux instruments présentés à l'Acadamie par M. Laur, géomètre. 1821. 4 gr. p. pl. in-fol. (La vignette en tête a été coupée, et a ainsi enlevé le milieu de 8 lignes du verso). — 2° L. aut. sig., au citoyen Firmin Didot. 3 gr. p. pl. in-4. Remplie de chiffres de Logarithmes.

127. **DELVINCOURT**, célèbre jurisconsulte.

L. aut. sig., à M. le rédacteur du *Journal des Débats*. Paris, 5 mars 1820. 2 p. pl. in-4.

Lettre intéressante au sujet de la démonstration que voulaient faire les étudiants de la Faculté de Droit d'Aix, à l'occasion de la mort du duc de Berri.

128. **DEMOUSTIER** (Charles-Albert), auteur des *Lettres à Emilie sur la Mythologie*. N. 1760. M. 1807.

L. a. s., à Maradan. Villers-Cotterets, 1er fruct. 1793. 3 p. in-8.

Au sujet de la vente de ses deux pièces de théâtre : Le *Conciliateur*, et des *Femmes*. On lui offre déjà 1500 fr. de la première.

129. **DENISART**, procureur au Châtelet de Paris.

L. aut. sig., à M... (Jousse, probablement). Paris, 7 janvier 1759. 2 gr. p. pl. in-4.

Au sujet de l'ouvrage de jurisprudence qu'il va publier.

130. **DESAIX** (le général). N. 1768. Tué à Marengo en 1800.

L. aut. sig., au général Lecourbe. Quartier général de Philisghen, 15 oct. an V. 1 p. in-4. Tête impr. Vignette.

131. **DESAUGIERS**, chansonnier, auteur dramatique.

CHIEN ET CHAT, chanson aut. sig. 3 gr. p. in-4.

132. **DESEZE** (le comte Romain), défenseur de Louis XVI.

1° L. sig., à M. le chancelier. Paris, 16 sept. 1820. 1 p. in-8.

2° L. aut. sig. D., à M. Bellart.. Ce samedi. 2 p. in-8.

Il lui envoie son travail sur le mémoire de M. de Pontalba.

133. **DESFORGES MAILLARD**, poëte breton.

L. aut. sig., à M. de Beauvais, de l'oratoire, professeur d'humanités, à Nantes. Du Croisic, 21 juin 1753. 3 gr. p. pl. in-4. Très-belle lettre.

Il n'est pas étonné de la note désavantageuse de Voltaire sur son compte. Il s'est servi pour l'injurier des mêmes termes qu'il a employés contre son ami, M. Titon du Tillet, un des plus aimables hommes que Dieu ait jamais créés. C'est ainsi qu'il en parle dans son histoire du siècle de Louis XIV : « Un homme s'avisa, etc. » Il hait M. Titon parce qu'il ne lui a point fait l'honneur d'un médaillon, de même qu'à Fontenelle et Crébillon qui vivent encore et au grand Rousseau durant sa vie... « Ce Voltaire me hait aujourd'hui par « contre-coup, à cause de la vive et fidelle amitié qui ne se ralentira jamais

« entre le célèbre auteur du Parnasse français et moi. Mais la dernière lettre « que j'ai reçue de Voltaire, et dont voici la copie, sera toujours une preuve « convaincante de son cœur détestable... (*suit cette copie.*) Le seigneur Vol- « taire m'a donné bien d'autres paroles à moi-même, sans m'en avoir tenu ran- « cune. Mais vous voyez qu'il faut qu'il soit bien double, bien vain et bien mau- « vais, d'en avoir agi avec moi de cette manière. Je me console n'étant pas le « seul à qui il ait joué de pareils tours, je trouverais bien de quoi me venger « de lui, mais il a toujours la plume à la main, et moi je suis toujours chargé « d'affaires.

134. **DICKENS** (Charles), célèbre romancier anglais.

L. aut. sig. (en anglais). Mai 1858. 1 p. in-8. Port.-charge.

135. **DISETTE** et approvisionnements de Paris en l'an III.

L. aut. sig. de Garnier, de Xaintes, conventionnel, représentant du peuple, en mission dans les départements environnants Paris, à l'agence des subsistances générales. Rozay, 4 floréal an III. 2 gr. p. in-fol. Tête imprimée. Vignette.

Il voit avec autant de mal au cœur que lui l'état déplorable de Paris, et plus il voit son inébranlable fermeté au milieu d'une affreuse disette, plus il a droit d'attendre d'efforts et de dévouement de sa part. « Je demande à hauts cris la « force armée, car déjà plusieurs de mes meilleurs greniers ont été pillés. A « Egalité j'ai fait désarmer une commune entière qui était organisée en corps « de brigands. Une plus dangereuse ici, celle de Rebais, qui a une population « plus considérable, exerce tous les jours des pirateries, et mes moyens ne me « permettent pas son désarmement. Je suis réduit à quelques patrouilles in- « signifiantes... » Toutes ses mesures sont prises pour activer les versements des grains et des farines. Il doit le prévenir que pour assurer plus de succès à ses réquisitions, il vient d'arrêter le mélange d'un sixième d'avoine dans le pain...

136. **DISETTE** et approvisionnement de Paris en l'an III.

L. aut. sig. de Garnier, de Xaintes, conventionnel, représentant du peuple, en mission dans les départements environnant Paris, à l'agence générale des subsistances. Rozay, 15 floréal an III. 3 gr. p. pl. in-fol. Tête imprimée. Vignette.

Il vient dans les trois districts qu'il parcourt les taxer les uns à trente, les autres à dix, cinq et deux quintaux de farine, suivant leurs ressources connues, et ce moyen extraordinaire, mais sûr, lui procure une ressource inattendue, et qui ne laisserait pas que d'améliorer le sort des parisiens si elle était suivie dans tous les districts chargés de leur approvisionnement. Fripponnerie de certains agents qui n'en livrent qu'une partie pour Paris, et versent l'autre dans des magasins particuliers où le sac se vend jusqu'à deux mille livres, et est ensuite revendu trois mille par ceux-ci... « Il existe au Palais-Royal des hommes qui « sont les courtiers d'un pareil commerce, ainsi que des miliers d'individus « dans Paris qui ont du pain à discrétion en le payant cher, lorsque le peuple « est réduit à un quartron, c'est l'abondance de cette portion d'hommes qui fait « la véritable détresse de l'ouvrier et du pauvre...

137. **DIVERS,** *poëtes*, littérateurs, etc.

Baulot (Isaac); Beauchesne (A. de); Chevreul (E.); Danguy (de Nantes); Galoppe d'Onquaire; Ginguené; Julien (de Paris); Lacroix (Paul); Lesguillon; Mercœur (Elisa); Mercœur (Mme); Jougneau Desloges. L. aut. sig. 1809, 3 p. in-4, et mémoire (aut. sig.) sur une lettre de Bayle. Poitiers, octobre 1808. 14 p. pl. in-4; Jougneau Desloges (Mme); Peignot (Gabriel). Ensemble, quinze lettres et pièces aut. et aut. sig. Très-bon lot.

138. **DIVERS,** intendants de provinces, bibliographes, savants, fonctionnaires publics, personnages titrés, etc.

Cent cinq lettres, la plupart aut. sig., 1752 à 1822.

139. **DIVERS,** intendants de provinces, bibliographes, savants, fonctionnaires publics, personnages titrés, etc.

Cent dix lettres, la plupart aut. sig., de 1741 à 1820.

140. **DIVERS,** intendants de provinces, bibliographes, savants, fonctionnaires publics, personnages titrés, etc.

Quatre-vingt-quatorze lettres, la plupart aut. sig., de 1733 à 1835.

141. **DIVERS**, intendants de provinces, bibliographes, savants, fonctionnaires publics, personnages titrés, etc.

Quatre-vingt-huit lettres, la plupart aut. sig. de 1763 à 1820.

142. **DORFEUILLE** (P. Gobet de), célèbre acteur et directeur du théât. des Variétés, au Palais-Royal, de 1785 à 1792.

L. aut. sig., à M. L'ablée, à Beaugency. 24 octobre 1787. 2 gr. p pl. in-4. cachet. *Rare.*

Lettre curieuse sur ce que coûterait le séjour de sa troupe à Beaugency ou dans ses environs. Une comédie et tragédie coûtera 60 ou 66,000 fr., y joignan un opéra, environ 80,000 fr., etc., etc.

143. **DU CAYLA** (Mme la comtesse), amie de Louis XVIII.

1° L. aut. sig., à M. Gairal. 22 mai 1836. 1 p in-8.

2° L. aut., à M.... ce lundi soir... 3 p. in-8. Curieuse.

144. **DUCIS** (Jean-François), poëte dramatique.

L. aut. sig., à M. Cotelle. Versailles, 30 mars 1807. 2 p. in-4.

145. **DUCIS** (Jean-François). *Le même.*

L. a. s., à M. de la Tour. Versailles, 28 août 1809. 3 gr. p. pl. in-4.

Lettre touchante au sujet de la mort de son ami Bitaubé... Il lui demande comment va la poésie... : « Mal. Ma pauvre verve se tarit. Aucun goût, aucun « attrait pour l'aimable travail des Muses. Je végète tristement. Je ne conçois « plus même comment il serait possible que mon âme se ralumât encore. Il « faut que quelque plaisir le réveille de son assoupissement; et ce n'est qu'à « votre portrait désiré et attendu avec impatience, que j'en aurai l'obligation...

146. **DUCIS** (Jean-François). *Le même.*

L. a. s., à M. Légier (du Loiret). Versailles, 10 avril 1808. 3 gr. p. pl. in-4.

Au sujet du mariage de son neveu avec une jeune rouennaise. — Projet d'un petit voyage à Paris, etc.

147. **DUCIS** (Jean-François). *Le même.*

1° L. aut. sig., à M. Légier. La Roussillière, 24 août, 1806. 1 p. in-4.

2° « Pour la fête de la sœur de madame Du Renel, qui a, comme elle, sainte « Anne pour patronne.» Chanson aut. 1 p. in-4. — Copie d'une chanson faite par Ducis, en 1810. 3 p. in-4.

148. **DUCIS** (Jean-François). *Le même.*

Journal de ses actions et de ses relations d'amis et de famille, du 9 août au 13 septembre 1813. aut. 4. gr. p. in-fol. Certifié en tête par son neveu.

149. **DULAURE**, historien de Paris, conventionnel.

L. a. s., à son cousin. Paris. 11 décembre 1781. 2 pl. et demie in-4.

Il a dû apprendre la défaite de lord Cornwalis avec son armée composée de 6000 hommes; « les américains en partagent la gloire avec nous; il y a eu ici « une illumination générale en réjouissance de cette victoire qui sera peut être « décisive, à ce qu'on prétend, mais il paraît que les anglais veulent encore « pousser leur résistance jusqu'à son dernier retranchement...; on dit qu'il y « a eu en Angleterre une révolte, et voici comment on explique ça : On or- « donna à Londres une illumination dans le temps même de la deffaite des « 6000 h. Pendant que le peuple courait dans les rues par curiosité, des trou- « pes dispersées de tous côtés et même sous différentes couleurs, enlevoient « tous les plus beaux hommes. Cette presse a produit 10,000 hommes; cepen- « dant les habitants de Londres s'apperçurent tout de suite de ce defficit, les « uns trouvent à dire leurs frères, leurs cousins, d'autres leurs voisins, leurs « amis, et même leurs pères, les esprits s'échauffent, on parle, on se rassem- « ble, on s'attroupe et l'on menace de mettre la ville à feu et à sang; comme « on avait prévu cela, on avait eu le soin de réunir assez de troupes pour ap- « paiser le trouble...

150. **DUPANLOUP** (F.), évêque d'Orléans.

L. a. s., à Mme... Rome, 25 septembre 1 p. pl. in-8. Intéressante.

151. **DUPIN** (Pierre), célèbre avocat au Parlement de Bordeaux, auteur du *Traité des peines des secondes Noces.*

L. a. s., à M. Faure. Bordeaux, 28 Janvier 1717. 2 p. pl. in-4.

152. **DUPIN** (le baron Charles), savant, membre de l'Institut.

1° L. a. s., à M. Tisset. Londres, 30 juillet 1820. 3 p. pl. in-4. — 2° Extrait aut. (extrait du philosophical Magazine, juillet 1820), sur son ouvrage: Voyage dans la Grande Bretagne.... 1 p. pl. et demie in-4. Curieuses pièces.

153. **DU PLESSIS** (Michel-Toussaint-Chrétien), savant oratorien, puis de la congrégation de Saint-Maur, l'un des auteurs du *Gallia christiana*, des *Annales de Paris*, etc., bibliothécaire de la ville d'Orléans, puis de l'abbaye de Saint-Germain-des-Prés. Mort en 1767.

L. a. s., à M. Daniel Polluche, de l'Académie des Belles-Lettres, à Orléans. Paris, 16 janvier, 1752. 2 p. in-4. Cachet.

Au sujet de l'achèvement des 9e et 10e volumes du *Gallia christiana* qui comprennent toute la métropole de Reims...

154. **DU PLESSIS** (Michel-Toussaint-Chrétien). *Le même.*

L. aut. sig., à M. Daniel Polluche, à Orléans. Paris, 9 mars 1736. 3 p. in-4. Cachet.

L'abbé Le Bœuf lui a fait une réponse dans le dernier *Mercure*... Il y a quinze jours qu'il a envoyé sa réplique à M. de la Roque... En cas que M. Le Beuf ne se croie point vaincu, il lui destine une 3e lettre, et puis plus ; car après tout il faut finir. Il lui avoue que depuis cinq ou six ans il est un grand coureur. Cependant il n'a point mis le pied en basse Normandie. L'histoire, dont il est chargé, ne regarde que le diocèse de Rouen; mais ce diocèse renferme 16 à 1700 clochers. Enfin mes courses sont finies et me voici sédentaire à Paris, où je voudrais bien vous tenir pour vous offrir une bouteille de vin...

155. **DU PLESSIS** (Michel-Toussaint-Chrétien). *Le même.*

L. a. s., à M. Daniel Polluche, à Orléans. 9 mai 1737. 1 p. pl. in-4.

Il lui fera plaisir de lui envoyer la pièce dont il lui parle, *quæ jura reges angliæ haberunt in Normanniam adversus clerum;* si elle n'est pas bien longue : et il faudrait savoir d'où M. de Givès l'a tirée. « Nos gaulois chrétiens vont s'adresser au père Verninac...

156. **DU PLESSIS** (Michel-Toussaint-Chrétien). *Le même.*

L. aut. sig., à M. Daniel Polluche. à Orléans. Paris. 30 juin 1753. demie-page in-4. Cachet à la cire, bien conservé. Le bas de la page (blanc) a été enlevé.

Hommage d'un exemplaire de ses Annales de Paris. S'il l'avait aidé de ses lumières, l'article de la translation des reliques de saint Sanson serait beaucoup mieux traité qu'il n'est ; mais il a fait tout seul comme il a pu, et le mieux qu'il a pu...

157. **DU PLESSIS** (Michel-Toussaint-Chrétien). *Le même.*

L. aut. sig., au Révérend Père.. à (Orléans) en l'Abbaye de Saint-Germain-des-Prez, à Paris, ce 26 juillet, 1751. 1 p. pl. in-4.

158. **DU PORT DU TERTRE** (Marguerite-Louis-François), ministre de la justice en 1790. Mis à mort en 1793.

Trente-une lettres sig., comme ministre de la Justice, adressées à M. Tassin de Villepion, à M. le commissaire du roi, près le tribunal du district d'Orléans. 1790 à 1792. In-fol.

159. **DURANTON,** ministre de la justice.

Huit lett. s., comme ministre de la Justice, aux grands juges de la haute cour Nationale, à M. le commissaire du roi, près le tribunal du district d'Orléans, etc. 1792. in-fol.

160. **DUROC,** duc de Frioul, grand maréchal du Palais.

L. a. s., à M.... Paris, sept. 1807. 3 gr. p. in-fol. Belle-lettre.

Sur la disposition des appartements désignés par l'empereur à Fontainebleau pour le roi et la reine de Hollande.

DEUXIÈME VACATION.

Jeudi 19 mai. — Nos 161 à 220.

161. **ELIE DE BEAUMONT,** célèbre avocat au Parlement de Paris, défenseur des Calas.
L. aut. sig., à M... Paris, 24 nov. 1783. 1 p. in-4.

162. **ELISABETH DE FRANCE,** femme de Philippe IV, roi d'Espagne.
L. aut. sig., *Yo la Reyna* (en espagnol), à la reine de France. Sans date. 1 gr. p. in-fol. Cachet.

163. **ELSSLER** (Mlle Fanny), dame *Hahn*, célèbre danseuse.
L. aut. sig., à M. Hausser, à Bruxelles. Londres, 1er avril 1843. 1 p. in-4. Belle lettre. Scène gravée, le *Menuet à la Cour*. in-4.

164. **ETRANGERS,** *Anglais*, *Autrichiens*, *Espagnols*, *Polonais*, *Russes*, etc.
Balfe. Sa sig. et portr. — Clam-Martinitz. — Mathews (C.-S.). — Mathews (C.). — Moncrieff. — Noja (le duc de). — Olozaga (S. de). — Ponsonby (lord). — Pouchkins (Alex.), et Joukoffski, poëtes russes. Leur sig. découpée. — Peel (Robert). Deux adresses de lett. aut. — Rogers (S.). — Serracapicola. — Sotomayor (le duc de). — Turkeel (le comte Ignace). — Walsh (Robert). — Woronzoff (le comte Jean). — Woronzoff Daschkoff (la comt.) — Woronzoff (le prince Michel). L. sig. — Ipsilanty (le prince Constant), etc. Ensemble, 18 let. et pièces sig. et aut. sig.

165. **EUGENE DE SAVOIE,** (le prince).
L. a. s., à M... Milan, 30 mars 1707. 4 p. pl. in-4. Belle lettre.

166. **FABERT** (Abraham), maréchal de France. Né à Metz.
L. aut., à M. D'Andilly, seigneur de Pomponne. Sédan, 11 mars 1662. 1 p. pl. in-4. Cachets et soies. Jolie lettre.

167. **FABRE** (Dom Louis), bénédictin de la congrégation de Saint-Maur, savant bibliographe, bibliothécaire d'Orléans. N. 1710. M. 1788.
L. aut. sig., à M. L'Huiller, lieutenant particulier au siége présidial d'Orléans, au château de Souchalion, près Châteaudun. Orléans, 10 août 1765. 2 gr. p. in-4.
Nouvelles diverses... « Le professeur du collége, M. Gentil, se fraie des routes nouvelles. Ses thèses étaient couchées singulièrement; cestoient un arbre « *Philosophique, Arbar philosophica*. Il faisait couler toutes les propositions « d'un seul principe. C'est une singularité qu'on a désapprouvée, mais qui « montre le génie... »

168. **FABRE** (Dom Louis). *Le même.*
L. a. s., à M. L'Huiller.... Orléans, 17 août 1765. 2 gr. p. pl. in-4. Nouvelles diverses très-curieuses.

169. **FABRE** (Dom Louis). *Le même.*
L. aut. sig., à M. L'Huiller.... Orléans, 24 août 1765. 2 gr. p. pl. et demie in-4.
Nouvelles diverses. — Sur les arbres philosophiques. — M. Pothier a été parrain d'une cloche qu'on a béni à Saint-Jean-le-blanc, madame de Lorsy était la marraine : l'assemblée était belle ; comme c'était une chose de dévotion, il pensa qu'il pouvait s'y aller édifier, et joindre ses prières à celles des habitants; aussi y fût-il avec son prieur... Nouvelles de M. Jousse, etc. etc.

170. **FABRE** (Dom Louis). *Le même.*
1° L. a. s., à M. L'Huiller.... Orléans, 22 sept. 1777. 2 p. in-4.
Affaires diverses. Les soi-disant vont rentrer à la cathédrale. On fait courir le bruit que le roi va créer à Paris, quatre-vingt charges de notaires du prix

de quatre-vingt milles livres; « on ajoute que le roi va demander aux notaires « mille écus à chacun. Il fera de l'argent. »

2° L. aut. sig., à M. Miron, de l'Oratoire, à Orléans, 17 juin 1779. Petite p. in-4.

171. **FABRE D'EGLANTINE,** auteur dram., conventionnel.

Sa sig. aut. : *Fabre d'Eglantine* fils, derrière le titre de la comédie (impr.) *Les Précepteurs*.

Fréron, conventionnel. L. aut. sig. An VIII. 1 p. in-8.

Merlin (de Thionville), conventionnel. L. aut. sig. 1 p. in-4.

172. **FAGAN** (Christophe-Barthélemy), écuyer, sieur de Lagny, poëte, auteur dramatique. N. 1702.

Bouquet. Pièce de vers aut. Deux tiers de p. in-4.

173. **FAGAN.** *Le même.*

Pièce de vers aut. sur les avantages de la médiocrité. 2 gr. p. aut. in-4.

174. **FAIPOULT** (Guill.-Charles), ministre des finances sous le Directoire, envoyé extraordinaire et ministre plénipotentiaire de la Républiq. franç. près celle de Gênes.

L. aut. sig., au citoyen Saliceti. Gênes, 22 frimaire an VI. 3 p. in-4. Tête impr. Intéressante.

« ... Les rois ont reçu la leçon qu'ils ont si longtemps et si impunément mé« rité. Nous avons une bonne constitution, les trois quarts et demie de la paix « extérieure, un meilleur aspect dans l'intérieur... Gênes a accepté sa consti« tution. On va procéder aux électi ns des autorités. Rien n'annonce qu'on « veuille réaliser les craintes qui d'abord s'étaient élevées relativement au dé« membrement favorable au roi de Sardaigne. Nous n'avons aucun égard à gar« der avec ce petit roitelet qui doit savoir que les bienfaits de la République « française, envers sa personne, sont dans ce qu'on lui a laissé..... »

175. **FALLOUX** (de), ministre, memb. de l'Acad. française.

L. aut. sig., à son collègue... 2 p. in-8. Intéressante.

Biot, membre de l'Académie française. L. a. s. 23 oct. 1828. 1 p. in-4.

176. **FAVART D'HERBIGNY,** chanoine de Reims, naturaliste, et *Favart*, de Reims.

1° L. aut. sig., à M... Reims, 28 mai 1769. 3 gr. p. in-4. Cach.

2° L. aut. sig., à M. Masseau de Villars, à Orléans. Reims, 20 janv. 1740. 2 p. in-4. Cachet.

177. **FELINE SANDE,** célèbre jurisconsulte italien.

L. aut. sig. (en italien), à Nicolas Michelozzi, chancelier de Laurent de Médicis. 5 mars 1486. 1 p. in-4 en travers. Cachet.

178. **FENELON,** l'illustre archevêque de Cambrai.

L. aut. sig., à M... Cambrai, 14 janv. 1702. 6 gr. p. pl. in-4.

Très-belle et très-curieuse lettre au sujet de la juridiction des tribunaux ecclésiastiques de son diocèse. C'est toujours lui qui juge... « A quoi servirait donc « un official métropolitain à Saint-Omer, puisque je jugerai ici toutes les cau« ses, et que je ne lui en laisserois jamais juger aucune ! Quel fruit M. de St« Omer tirerait-il de l'établissement d'un official, qui ne le seroit jamais que « de nom? Cette innovation ne serviroit qu'à donner un fâcheux exemple dont « une domination étrangère ne manqueroit pas de se prévaloir quelque jour « contre nous... »

179. **FERDINAND I**er, frère de Charles-Quint, empereur d'Allemagne. N. 1503. M. 1564.

Pièce sig. (en allemand), aux bourgmestres, etc., de Kuttenberg. 1534. 1 gr. p. double in-fol.

Demande d'impôts déjà accordés par la Diète.

180. **FERRAND** (Antoine, comte), ministre d'Etat, auteur de l'*Esprit de l'histoire, Eloge de madame Elisabeth*, etc.

1° L. sig. Paris, 3 déc. 1814. 2 p. in-fol.

2° L. aut. sig., à M... Paris, 2 janv. 2 p. in-8.

GILBERT DES VOISINS, magistrat célèbre. L. aut. sig., à M. Prévost de la Jamès. Paris, 10 janv. 1745. 1 p. in-4, et la minute aut. de la réponse de M. Prévost de la Jamès. 1 p. in-4.

181. **FIORAVANTI** (Valentin), célèbre compositeur, créateur de l'opéra Buffa.

L. aut. sig. (en italien), au baron... 2 p. in-4.

182. **FISCHER** (Gotlob-Nath.), savant philologue et publiciste saxon. Mort en 1800.

L. aut. sig., à l'abbé Mercier de Saint-Léger, bibliothécaire de l'Abbaye de Sainte-Geneviève. Mothiers-Travers, en Suisse, 22 juillet. 3 gr. p. pl. in-4. Cachet.

Belle lettre bibliographique et littéraire. Intéressante.

183. **FLAMARENS** (Mme la comtesse de).

Trois lett. aut. sig., à l'abbé de Hautefeuille, à Orléans. Paris, 1711 à 1715. Ensemble, 8 p. in-4. Cachets.

Nouvelles de la cour et de différents personnages. Elle dit dans celle du 26 juin 1711, que Mlle Loison, maîtresse du duc d'Albret, duquel elle a des enfants, et qui lui a fait une donation de vingt mille écus, vient d'être exilée à Orléans par lettre de cachet... Dans celle du 28 décembre 1713, elle parle de la cherté des vivres, des loteries dont il se fait souvent... « A l'égard de faire « venir de l'argent au roy, cela ne les embarrasse point (les ministres), car d'un « trait de plume ils nous ôtent ce qu'ils ueulent de nos rentes sur la uille et « encore il semble qu'on leur soit fort obligé... »

184. **FLECHIER** (Esprit), évêque de Nîmes.

L. a. s., à M. l'abbé de Combré. Montpellier, 15 janv. 1710. 2 p. in-4.

«... Il faut avoir bonne mémoire pour citer le sermon de Saint-Merri, et le « plaisir que j'eus à une comédie de Molière. Ces dates sont à la vérité un peu « anciennes, mais elles renouvellent notre connaissance..... »

185. **FLECHIER** (Esprit). *Le même.*

Proclamation des présidents de la province de Narbonne à l'assemblée de Saint-Germain-en-Laye. Minute aut. 4 p. pl. petit in-4. (Nous croyons cette pièce inédite).

186. **FLECHIER** (Esprit). *Le même.*

Devoirs des chanoines. Fragment d'une allocution sans commencement ni fin. 4 p. pl. aut. in-4. Semble inédit. Très-intéressant.

187. **FLECHIER** (Esprit). *Le même.*

Fragments d'un sermon sur la communion. 1 p. pl. et demie aut. in-4.

188. **FLECHIER** (Esprit). *Le même.*

Allocution au sujet de la réception de l'abbé Poncet, à l'Académie de Nîmes. 1 p. pl. aut. in-4. (Fatiguée). Inédite.

189. **FLECHIER** (Esprit). *Le même.*

Fin d'un sermon sur la résurrection de Jésus-Christ. 4 p. pl. aut. in-4. Inédit.

190. **FLECHIER** (Esprit). *Le même.*

« Desseins de monsieur le président de Perigny, pour l'instruction « de monseig. le Dauphin. » Mémoire sur l'ensemble des connaissances que doit posséder le Dauphin. Manuscrit a. Dix p. pl. et quart in-8.

191. **FLECHIER** (Esprit). *Le même.*

Discours (deux), à M. le Chancelier et à M. de Pontchartrain, pour les députés de la province de... chargé de présenter au roi le cahier de ses demandes. 1 p. et quart aut. in-4 chaque.

192. **FLORIAN** (le chevalier Claris de), littérateur, fabuliste, membre de l'Académie française. N. 1755. M. 1794.

L. aut. sig. (à la 3e pers.), à Mme Vimeux. 1 p. in-8. Cach. Cur.

193. **FLORIAN.** *Le même.*

Pensées pour Numa... Aut. 3 gr. p. pl. et tiers in-4.

194. **FLORIAN.** *Le même.*
Guillaume Tell, ou la Suisse libre. Livre 1er. Manuscrit aut. 26 p. à mi-marge, in-4. Jolie écriture, bien correcte.

195. **FLORIAN.** *Le même.*
Le petit Chien. Fable aut. 2 p. in-8, avec des corrections.

196. **FLORIAN.** *Le même.*
L'Ecureuil et le Léopard. Fable aut. 2 p. pl. in-8, avec des corr.

197. **FLORIAN.** *Le même.*
La Tourterelle et la Fauvette. Fable aut. 2 p. pl. in-8.

198. **FLORIAN.** *Le même.*
La Mort. Fable aut. 1 p. pl. et quart in-8. Il a écrit à la fin, *Lue* à l'Académie.

199. **FLORIAN.** *Le même.*
Le Renard déguisé. Fable aut. 2 p. in-8, avec des corrections.

200. **FLORIAN.** *Le même.*
L'Auteur et les Souris. Fable aut. 1 p. pl. et demie in-8, avec des ratures. Il a écrit derrière. *Lue* à l'Académie.

201. **FONTANES** (le marquis de), memb. de l'Acad. franç.
L. aut. sig., à M. Rhoulier. Paris, 22 janv. 1806. 1 p. in-4.
SAINT-MARC-GIRARDIN, de l'Académie française. L. a. s. 1 p. in-8.
FRANTIN, auteur des *Annales du moyen-âge*. Deux lett. aut. sig. Dijon, 17 janv. 1817, et 4 mai 1828. 2 p. in-8 et 2 p. in-4.

202. **FONTENAY** (Pierre-Claude), jésuite, poëte, continuateur de l'*Histoire de l'Eglise gallicane* du P. Longueval; il travailla au *Journal de Trévoux*.
1° L. aut. sig. de ses initiales, à M. Picault de la Rimbertière, à Orléans. 21 sept. 1 p. in-8.
2° L. aut. sig., au même. Paris, 30 déc. 1730. 2 p. in-4.
FLEURIAU (Jean-François), jésuite, poëte. L. a. s. 1728. 1 p. in-4.

203. **FONTENELLE,** membre de l'Académie française.
L. aut. sig., à l'abbé de Hautefeuille, à Orléans, Paris, 6 nov.... 3 p. in-4. Très-belle lettre.
Il attendait pour répondre à sa première lettre que les vacances de l'Académie des Sciences fussent finies, et qu'il eut pu communiquer à la compagnie sa nouvelle machine arpentante. etc., etc.

204. **FORTIA D'URBAN** (le marquis de), savant célèbre, historien, membre de l'Institut. Né à Avignon en 1756.
Deux lett. a. s., à Pougens. Orange, 1778. 5 p. in-4. Curieuses.
FORTIA D'URBAN (le marquis de), père du précédent, capitaine de Dragons. Six let. aut. sig., à Pougens. Du Lampourdier, 1781. 18 p. in-4. Cachets.
FORTIA D'URBAN (Rose-Emilie de Caux, marquise de), femme du précédent. Morte en 1816 à 88 ans. L. aut. sig., à Pougens. 1784. 3 p. in-4. Cachet aux armes.

205. **FOUCQUET** (l'abbé), prêtre de l'Oratoire.
L. a. s., à M. Du Plessis. Lundi matin. 3 p. in-4. Cach. Cur.

206. **FOUCQUET** (Bernardin-François), archevêq. d'Embrun.
Dix let. aut. sig., à M. Trudaine. Embrun, 1760 à 1767. Ensemble, 22 p. in-4. Curieuses.

207. **FOUQUIER TINVILLE,** accusateur public près le Tribunal révolutionnaire. Né en 1747. Mis à mort en 1795.
Ordre au gardien de la maison d'arrêt de la Conciergerie ou de toute autre, de remettre, à l'huissier porteur du présent, l'ex-général

Destaing, prévenu, pour être conduit au Tribunal révolutionnaire. Paris, 8 floréal an II. 1 p. in-4. Cachet.

Cette pièce imprimée, avec vignette, est remplie par Fouquier-Tinville et signée par lui. Il y a en tête : A Saint-Lazare.

208. **FRANCASTEL** (l'abbé de), bibliothéc. du coll. Mazarin

L. aut. sig., à l'abbé de Hautefeuille, à l'hôtel de Bouillon. 29 juin 1698. 1 p. petit in-4.

Au sujet des auteurs traduits en français par l'abbé de Marolles... On n'estime pas beaucoup les traductions de cet abbé, homme laborieux et infatigable, mais peu exact...

209. **FRANCESCHI** (le baron), général corse.

Sept lett. aut. sig. et une lett. sig., à Saliceti, etc. An VI à 1836. 22 p. in-4 et in-fol., dont 3 avec vignette.

Très-curieux dossier sur la Corse, etc. Les anglais, Paoli, etc.

210. **FRANÇOIS Ier**, roi de France.

Pièce sig. (sur parch.). Mantes, 26 sept. 1540. In-fol. oblong.

Ordre de payer comptant la somme de deux cents écus, à prendre sur la vente de l'office de sergent à cheval en ses chapelles de Paris, vacant par le trépas de feu Hièvre la Chaulne...

211. **FRAYSSINOUS**, évêq. d'Hermopolis, de l'Acad. franç.

1° L. a. s., à M... Abbaye-aux-Bois. Mardi. 1 p. et demie in-8.

2° Minute aut. de la péroraison d'un discours sur le protestantisme et ses divisions... 1 gr. p in-4.

212. **FREDERIC-ADOLPHE**, roi de Suède.

L. aut. sig. (en français), au roi. sans date. 2 p. in-4.

213. **FREDERIC-GUILLAUME II**, roi de Prusse.

L. aut., à Mlle... 1 p. pl. in-4.

Il lui envoie cent louis pour accélérer son arrivée à Paris et son triomphe. L'empressement qu'elle a témoigné de s'y rendre est des plus justes, ainsi que l'impatience avec laquelle l'attend le public le plus éclairé et le plus connaisseur de l'Europe. « Vous seule ma chère Fanny, vous rendrez le brillant au Théâtre-« Français, votre talent sublime peut seul compenser les grandes pertes qu'il « vient d'essuyer... »

214. **GARIBALDI** (G.), célèbre patriote italien.

L. aut. sig. (en italien), à Nicolo Accame. 1 p. pl. in-8. Cachet.

215. **GARRICK** (David), acteur et auteur dramatique anglais.

L. aut. (en anglais). Sans date. 1 p. pl. et demie in-4.

216. **GAUCHAT** (Gabriel), abbé de Saint-Jean de Falaise, chanoine de Langres, de l'Acad. de Villefranche, auteur de divers ouvrages estimés. Né en Bourgogne en 1709.

L. aut. sig., à M... Langres, 10 fév.... 4 p. in-4.

Appréciation de l'histoire ecclésiastique de l'abbé Claude Fleury. Abrégé en résumé de cet ouvrage qu'il se proposait de faire.

217. **GENCE**, traducteur de l'*Imitation de Jésus-Christ.*

L. aut. sig., à M. Villenave. Paris, 27 janv. 1814. 3 gr. p. in-4.

Lettre intéressante au sujet de la publication des ouvrages de MM. Hue et Clery, sur Louis XVI, Madame la duchesse d'Angoulême, etc.

218. **GENCE.** *Le même.*

L. aut. sig., au rédacteur du Journal des Curés. Paris, 11 oct. 1808. 4 gr p. in-4.

Lettre intéressante au sujet de plusieurs éditions du XVe siècle de l'Imita-de Jésus-Christ.

219. **GENLIS** (Mme la comtesse de).

1° Billet aut. sig., à Maradan. 24 avril 1810. Tiers de page in 8.

2° L. aut., à M... De l'arsenal, le 7 mai 1803. 2 gr. p. pl. in-4.

220. **GENLIS** (Mme la comtesse de).

1° L. aut., à M. Léger. 17 janv. 1808. 1 p. in-4.

2° L. aut., à Mme la comtesse de Bradi. 4 janv. 1821. 1 p. in-8.

3° L. aut., à M... Ce lundi 26. 1 p. in-4.

221. GEOFFROY SAINT-HILAIRE, savant naturaliste.

L. aut. sig., à M. Dujardin. Paris, 19 nov. 1836. 3 p. pl. in-8.

Au sujet de la publication de son *Histoire générale et particulière des anomalies de l'organisation*... Très-intéressante.

222. GERARD (l'abbé Philippe-Louis), auteur du *Comte de Valmont, ou les égarements de la raison.*

Sermon aut. sur l'Évangile du 2e dim. de carême. 7 p. à mi-marge in-4, avec de nombreuses corrections et notes marginales. Ecriture fine et serrée. Curieux spécimen de travaux préparatoires pour l'art oratoire.

223. GERARD (le baron François), peintre d'histoire.

1° L. aut. sig., à M. Charles. 8 messidor. 1 p. in-8:

2° L. aut sig., à Ducis. 21 Décembre. 1 p. pl. in-4.

Explications sur le tirage des épreuves des gravures, etc.

224. GERARD DE NERVAL (Labrunie), littérateur.

L. aut. sig. : *Gérard*, à M. Duchâteau. sans date. 1 p. pl. in-8.

Au sujet d'un procès contre le directeur de l'Odéon, pour une pièce dont il lui a fait voler le sujet par un de ses *faiseurs*, et qu'il n'a pas représentée à son tour....

225. GERARD DE NERVAL. *Le même.*

L. aut. sig. : *Gérard de Labrunie*. à M.... 1 p. in-8.

« C'est ce soir *Marion Delorme* de V. Hugo; si vous ne craignez pas d'y as-
« sister au sein des bandes romantiques, venez à 5 heures précises.... »

226. GERARD DE NERVAL. *Le même.*

L. aut. sig. : *Gérard*, à M. Duchâteau. 1 gr. p. pl. et demie. in-8.

Lettre curieuse au sujet de sa pièce l'*Erreur*.... Il fait des visites pour le choléra comme font maintenant tous les étudiants, les médecins étant insuffisants de beaucoup pour le nombre des malades. « Je vous assure que c'est une « chose cruelle.... »

227. GERARD DE NERVAL. *Le même.*

Minute aut., d'une lettre à son Maître.. sur les nouveaux prophètes. André Zowianski, Swendenborg, etc. 1 p. pl. et demie. in-8.

A Gérard de Nerval, pièce de vers (15 strophes, 60 vers), et *c'est la fille d'un argentier* (de la même main, 4 strophes, 24 vers) 4 p. in-fol.

228. GESVRES (le duc de), surnommé l'*Impuissant.*

1° L. aut. sig., à M. Dulain, peintre du roi. Saint-Ouen, 7 sept. demi-page in-4. Cachet.

2. L. aut., au prince de... Mareuil. 18 octobre 1732. 1 p. in-4.

229. GIOBERTI (l'abbé), diplomate et ministre.

L. aut. sig. (à la 3e personne), à M. Fichet, peintre, demi-p. in-4.

PÉPÉ (le général Guill) chef de l'insurrection de Naples en 1820. L.aut. sig., vendredi 5 avril. 1 p. in-8.

COSTA CABRAL, ministre Portugais. L. aut. sig. 1845. 1 p. in-18.

ESPARTERO, duc de la Victoire. 3 lignes aut. sig.

Ghika IV (Alex.), Caïmacan ou Hospodar de la Valacchie; billet aut. demi-p. in-8, et signature découpée.

PALMELLA (le duc de), ministre et ambassadeur Portugais. L. aut. sig., au prince... 9 décembre. 1 p. pl. in-8.

230. GIRARDIN (Delphine *Gay*, Mme Emile de), poëte.

Pièce de vers aut. sig. demi-page. in-4.

« . . . . La patrie est le lieu
« Où l'on aima sa mère, où l'on connut son Dieu;
« Où naissent les enfants dans la chaste demeure;
« Où sont tous les tombeaux des êtres que l'on pleure;
« . . . . »

231. **GIRODET TRIOSON,** célèbre peintre.
L. aut. sig., au prince Louis Napoléon. Sans date, 3 gr. p. pl. et demie in-4.
Lettre intéressante au sujet des dépenses qu'il a faites pour ses ateliers.... Il pourrait s'occuper des grands tableaux que Son Altesse lui a fait l'honneur de lui demander, et de ceux de Sa Majesté, qui a daigné lui confier l'exécution d'un grand sujet qui représentera son entrée victorieuse dans la ville de Vienne...

232. **GODIN** (Louis), astronome, de l'Acad. des sciences.
Quatre lettres aut. sig., à M... 1732 à 1752. Ensemble. 5 p. in-4. Scientifiques. Intéressantes.

233. **GODOI** (Don Manuel), prince de la Paix, premier ministre d'Espagne, favori de la reine.
L. a. s. (en Espagnol), au ministre Charles Delacroix. San Lorenzo, 7 nov. 1796. 2 gr. p. pl. 1/4, in-fol. Avec une traduction en français.
Belle lettre politique au sujet des évènements militaires dont l'Italie est le théâtre.

234. **GORDON** (Mlle Elisa), musicienne, compromise dans le procès de Strasbourg.
L. aut. sig. *Elisa*. 1 p. in-8.

235. **GOUFFE,** génovéfin, du couvent de Saint-Euverte d'Orléans.
L. aut. sig., à M.... Saint-Euverte, 3 mars 1684. 2 p. in-4.
Verne (Pierre), recteur du collége des Jésuites d'Orléans. L. aut. sig., à l'abbé de Hautefeuille, à Orléans. 1 gr. p. et demi in-fol.
Lalande (Jacques). Jurisconsulte Orléanais. Notes aut. de payements et de dépenses diverses. 4 p. in-4.

236. **GOUGET** (l'abbé), écrivain janséniste, l'un des plus laborieux du XVIIIe siècle.
L. aut. sig., à M. Proust de Chambourg, professeur, à Orléans. Paris, 26 avril 1752. 1 p. pl. in-8. Intéressante.

237. **GOULAS,** secrétaire et confident de Gaston d'Orléans, frère de Louis XIII.
L. aut. sig., à M.... Paris, 15 mai 1647. 1 gr. p. in-fol.
Au sujet de la convocation des États, à Montpellier.

238. **GRAMONT** (Philippe, comte de), lieutenant-général du Béarn. Mort en 1707 à 86 ans.
L. aut. sig., à son Eminence.... Paris, 23 avril 1600. 3 gr. p. pl. in-fol. Très-belle lettre.
Longs détails sur le voyage que le Roi et la Reine se disposent à faire à Bayonne en passant par Pau, etc.

239. **GREGOIRE** (Henri), évêque constitutionnel de Blois.
L. aut. sig., au citoyen Bernadau, à Bordeaux. Paris, 24 brumaire an XI. 1 p. et demie in-4. Intéressante.

240. **GUENEAU DE MONTBEILLARD,** naturaliste, collaborateur de Buffon, membre de l'Acad. des sciences.
L. aut. sig., à M. l'abbé Danjou de Mollières. Semur, 25 juillet, 1775. 3 p. in-8. Cachet.

241. **GUICHARD** (J.-Fr.), poëte, ami de Piron.
Pièce aut. sig. *Les deux Toulouzaines*, 1 p. pl. in-8.

242. **GUIMOND DE LA TOUCHE,** poëte dramatique.
L. aut., à Mme... 2 p. pl. in-4.
Envoi de deux épigrammes (insérées dans la lettre, l'une française et l'autre latine), contre l'abbé de Gontault.

243. **GUIZOT** (François), homme d'Etat, historien.
Cinq lett. et billets aut. sig., et une lett. sig. de l'an XIII à 1820, in-12, in-8 et in-4.

244. **HATZFELD** (le prince de), général, diplomate au service du roi de Prusse, connu par sa trahison envers l'empereur Napoléon.

L. aut. sig., à M. Chad. Vienne, 1er avril 1825. 2 gr. p. pl. et quart in-8. Intéresante.

245. **HEDINGER** (Jean-Reinhard), professeur de jurisprudence à Giessen, et prédicateur, a publié la Bible avec des changements.

L. aut. sig. (en allemand), à M... 23 nivôse 1714. 3 gr. p. in-fol.

246. **HENAULT** (le président), de l'Académie française.

Fragment historique aut. 1 p. in-8.

GARON (Guill.), oratorien. L. a. s. Bourges, 30 mai 1742. 2 gr. p. in-4.

BAUSSET (le cardinal de), Deux lett. a. s. 1814 et 1821. in-8 et in-4.

247. **HENRI D'ALBRET**, roi de Navarre, grand-père de Henri IV.

L. avec la souscription d'une ligne aut. sig., à M. de Lude. Pau, 27 décembre 1553. 1 p. in-4. Cachet. Belle pièce.

248. **HENRI II**, roi de France.

L. sig., et contresig. : Bochetel, au connétable de Montmorency. Jaligny, 10 oct. 1548. 1 gr. p. in-fol. Cachet. Très-belle lettre historique.

249. **HENRI IV**, roi de France.

L. sig., et contresignée : *Forget*, aux trésoriers généraux des finances de Lyon. Paris, 27 mars 1600. 1 gr. p. in-fol. Portrait gravé in-8.

250. **HENRI IV**, roi de France.

L. s. et contresig. : Potier, 1598. 1 p. in-fol.

GASTON D'ORLÉANS, fils d'Henri IV. Congé sig. 1645. in-fol.

251. **HENSCHENIUS** (God.), jésuite flamand, bollandiste.

L. aut. sig. (en latin), au Père Philippe Labbe. Anvers, 12 août, 1666. 1 p. pl. in-4.

252. **HERMANN-LEON** (Léonard Hermann, dit), acteur de l'Opéra-Comique, peintre. M. 1859.

1° L. a. s., à M. Nounon. Le Hâvre, 11 février 1849. 2 p. pl. in-4. Commande d'un riche costume pour une nouvelle pièce.

2° L. aut. sig., au même. Hâvre, 29 août 1838. 1 p. in-8.

253. **HEYNE**, savant érudit, éditeur de Virgile.

1° L. aut. sig., à M.... Gottingen, 19 juillet, 1785. demi-p. in-4.

2° L. aut. sig., à M. Gail. Gottingen, 17 avril 1800. 1 p. in-4.

254. **HOLLAND** (Henri-Richard Vassal Fox, lord), neveu de Fox, orateur, homme d'Etat, ami sincère de la France.

L. aut. sig., à M... 5 oct. 1825. 1 p. pl. et quart in-4.

GRANVILLE (Lord), ministre, Ambassadeur, L. aut. sig. 1 p. in-8.

GOULBURN (sir Henri), ministre. Billet aut. sig. 1842.

HUME (Joseph), député radical, historien. Adresse de lett. aut.

MELBOURN (Lord), ministre, 3 lig. (découpées) aut. sig.

255. **HOLSTENIUS** (Lucas), chanoine de Saint-Pierre de Rome, garde de la bibliothèque du Vatican.

L. latine aut. sig., au Père Jacques Simond. Rome, 10 sept. 1650. 3. gr. p. pl. in-4. Cachet.

256. **HOPWOOD** (James), célèbre graveur anglais.

L. a. s., à M.... Londres, mai 1843. 2 p. pl. demi in-8. Intéressante.

257. **HOUBIGANT** (Charles-François), célèbre orat[illegible]n.

L. aut. sig., au Révérend Père.... 1 p. pl. in-4.

258. **HUE**, valet de chambre de Louis XVI.

1° L. aut. sig., à son ami.... 19 janvier 1818, demi p. in-8.

2° L. a. s., à M. de Montaraz, à Orléans. 16 juin 1816. 1 p. in-4.

259. **HUET-FROBERVILLE**, député du *Loiret* aux Etats-Généraux et à l'Assemblée Législative, auteur d'un traité sur l'amélioration de la Sologne.

1° L. aut. sig., à M.... Orléans, 9 mars 1787. 2 gr. p. in-4.

2° L. aut. sig., au citoyen Rochus, à Juilly. Orléans, 19 messidor an X. 3 p. in-8.

360. **INGENIEURS EN CHEFS** des ponts et chaussées, des travaux publics, architectes, etc.

Bayeux, ingénieur du pont de Tours; Bertrand; Bouchet; Brémontier; Cessart; Demoustier; Desjobert; Deville; Duclusel; Fayol; Gendrier; Hupeau, architecte du pont d'Orléans; Jousselin; Le Creulx; Lenoir; Limay; Mérault; la Millière; Moléon (de); Montal; Payot; Pinon d'Avoir; Prony; Soyer, l'un des constructeurs du pont d'Orléans; Subtil; Villiers (de); Voglie; etc. Ensemble, soixante quinze lettres, la plus grande partie, aut. sig.

261. **ITALIENS** (brigands et révoltés).

Onze lett. a. s. de Le Bon, juge rapporteur de la commission militaire permanente à Rome, en 1812 et 1813. Ensemble, 13 p. in-8 et in-4. Têtes imprimées.

1° Affaire de la révolte de Marino, 22 prévenus. — 2° Affaire de Grégoire Genovosi et sa bande, voleurs de la route de Rome à Albano. — 3° Affaire du fameux brigand Pierre Ier (Pierre Juliani, dit). — 4° Affaire du brigand François Valéry, assassin et incendiaire.

262. **JARENTE DE LA BRUYERE** (Louis-Sextius), évêque d'Orléans, avant évêque de Digne.

Mémoire au roi, aut. sig. (a la 3e personne), à la fin se trouve le mot *bon*, de la main du roi, 3 mars 1767. 4 gr. p. in-fol. Très-curieux document.

« L'évêque d'Orléans, comblé personnellement des grâces de uotre majesté « ne prendroit pas la liberté d'en demander pour sa famille, si la douleur, et la « crainte de la uoir périr sans postérité et sans enfants, ne le forçoit à supplier « uotre majesté, de luy faciliter les moyens de la uoir reuiure un jour, en fa- « uorisant le mariage du marquis de Jarente, son frère aîné : l'éuêque d'Orléans « a eu six frères dont quatre ont eu l'honneur de seruir uotre Majesté..... » Il s'agit de marier le marquis avec une demoiselle de Jarente d'Orgeval, déjà veuve, et il supplie le roi d'accorder à cette demoiselle, en vue de ce mariage, douze mille livres de gratification annuelle, ou d'ici à trois ans deux cent mille livres comptant......

263. **JARENTE DE LA BRUYERE**, évêque d'Orléans.

1° Trois lett. aut. sig. 1772 et 1779. 4 p. in-8 et 3 p. in-4.

2° Dix lett. sig. 1758 à 1788. 15 p. in-4.

Jarente d'Orgeval. L. aut. Dieppe, 13 août. 1 p. in-4.

264. **JEANNE D'ARC.**

Haldat du Lys, de la famille de Jeane d'Arc, premier secrétaire de la société royale des sciences, Lettres, Arts, et Agriculture de Nancy.

L. aut. sig., à M. Pelletier, médecin, à Orléans. Nancy, 1er avril 1824. 2 p. pl. in-4. Cachet.

Au sujet de sa description de la fête célébrée à Domremy, en 1820, en l'honneur de Jeanne d'Arc.

Breteuil (le baron de), ministre de Louis XVI. L. sig., à M. le doyen du chapitre d'Orléans. Versailles, 26 mai 1787. 1 gr. p. in-fol.

Le Roi fait rechercher les minutes du procès de condamnation de Jeanne d'Arc, dite la *Pucelle d'Orléans*; Sa Majesté a fait imprimer à cet effet le mémorial dont il lui adresse un exemplaire. Il vient d'apprendre que le chapitre d'Orléans possède un manuscrit de ce procès : il est essentiel de savoir si ce manuscrit est authentique, signé des notaires greffiers du procès, et si les interrogatoires que Jeanne d'Arc a subis dans ce procès y sont tous écrits en latin, ou s'ils sont écrits en langue française pour le tout ou partie....

265. **JERUSALEM** (Jean-Fréd.-Guill.), célèbre prédicateur protestant, auteur de : *Lettres sur la religion de Moïse.*
L. aut. sig. en (allemand). 13 juillet 1785. 1 p. pl. in-4.

266. **JALLOIS,** archéologue, ingénieur orléanais.
1° Cinq lett. aut. sig. Orléans, 1823-1828. in-8 et in-4.
2° Six lett. sig. 1811 à 1837. in-4 et in-fol.

267. **JOSEPHINE** (l'impératrice).
L. sig. *La pagerie Bonaparte*, au citoyen Petiet, ministre de la guerre. Paris, 28 prairial an IV. 2 p. in-4.
Elle lui recommande le citoyen Benjamin, le général Bonaparte s'y intéresse, elle sera en état de voir Mme Petiet demain. « J'embrasse mon aimable « Psiché... »

268. **JOSEPHINE** (l'impératrice.)
L. sig. *La pagerie Buonaparte*, au citoyen Préfet. Paris, 9 floréal an VIII. 1 p. in-4.

269. **JOUBERT,** bénédictin de la congrégation de Saint-Maur.
1° L. a. s., à Dom Lebreton, à Compiègne. Paris, 15 juillet 1785. 1 gr. p. et demie in-4. Cachet.
2° L. a. s., au même. Paris, 22 mars 1786. 2 g. p. in-4. Cachet.

270. **JOURNAL ET NOTES DE PALAIS D'UN AVOCAT AU PARLEMENT DE PARIS. 1607-1608.**
Manuscrit de 170 pages in-4, relié en vélin ; jolie écriture.
On y analyse les causes les plus intéressantes et les plaidoyers et discours des avocats et des magistrats célèbres ; Harlay, Servien, De Thou, Sainte-Marthe, Dollé, Galland, etc.— Affaires criminelles, Anecdotes du Palais. — Privilège de Saint-Romain, p. 14. — Opposition sur un cadavre, p. 39, — Écolier fait jésuite malgre ses parents, p. 41.— Privilège des écoliers de Bourges, p. 60, etc.

271. **JOUSSE** (Daniel), jurisconsulte célèbre, conseiller au présidial d'Orléans. Né à Orléans en 1704. M. en 1781.
L. a. s., à M. Tassin de Villepion, à Orléans. Paris, 9 mai 1765. 2 gr. p. pl. et demie in-4. Cachet. Curieuse.

272. **JOUSSE** (Daniel). *Le même.*
L. aut. sig., à M. Tassin de Villepion, à Orléans. Paris, 13 mai 1765. 3 gr. p. et demie in-4. Cachet. Intéressante.

273. **JOUSSE** (Daniel). *Le même.*
1° Billet aut. sig. 22 janvier 1748. In-8 en travers.
2° Pièce de 4 lignes aut. Orléans, 7 oct. 1758. Convocation à l'assemblée générale, qui sera tenue en l'Hôtel commun de la ville d'Orléans. In-8 en travers.
3° L. s. (le corps de la lettre écrite par son fils Charles, conseiller au présidial d'Orléans). Orléans, 13 janvier 1781. 3 gr. p. pl. 1/2 in-4.

274. **JURISCONSULTES,** avocats célèbres.
Cent dix lett. et pièces sig. aut., et aut. sig., appartenant à plus de cinquante-cinq jurisconsultes, avocats célèbres, etc. Lot intéressant.

275. **JUSSIEU** (Antoine-Laurent de), botaniste, membre de l'Institut. N. 1748. M. 1836.
L. a. s., au citoyen Levat de Magnitot, son gendre. Paris, 12 floréal an VIII. 2 gr. p. pl. in-4.

276. **KEAN** (Charles), célèbre tragédien anglais.
L. aut. sig. (en anglais). 1 p. pl. in-8.
Sur les rôles de *Louis XI* et des *Frères Corses.*
KEAN (Mme Charles), femme du précédent, la meilleure actrice d'Angleterre. L. aut. sig. (en anglais). 15 janvier. 2 p. in-8. Théâtrale.

277. **LACÉPÈDE** (le comte de), savant naturaliste.

L. aut. sig., à M. le grand-trésorier de la Légion d'honneur (confidentielle). 26 août 1807. 3 gr. p. pl. et demie, in-fol. Belle lettre.

278. **LACORDAIRE** (Henri), de l'ordre des Frères prêcheurs.

L. aut. sig., à M. Fontaine. Paris, 4 mai 1835. 2 p. et demie in-8.

Ce qu'il lui dit de l'effet des conférences de Notre-Dame sur plusieurs personnes qu'il connaît a été pour lui une grande consolation. Dieu a béni cette œuvre plus qu'il n'aurait osé l'espérer, et la disposition présente des esprits l'a singulièrement favorisée. « Il nous faudrait du temps pour reconquérir les intelli-« gences; mais si cela doit arriver un jour, ce sera une bien belle chose, et nous « devrons un très-beau cierge à messeigneurs les saints du paradis.... »

279. **LA HARPE** (Jean-François de), littérateur, membre de l'Académie française. N. 1739. M. 1803.

L. aut. sig., à MM.... 27 août 1777. 2 gr. p. in-4.

Lettre curieuse au sujet de son différend avec Marmontel, à l'occasion de la querelle des partisans de Gluck et de Piccini.

280. **LA HARPE** (Jean-François). *Le même.*

L. aut. sig., au citoyen d'Hauteroche, à Orléans. Paris, le 26 octobre. 1 gr. p. in-4. — Fac-simile d'une lett. aut. sig.

Au sujet de ses travaux pour la composition et l'impression de son Cours de Littérature.

281. **LA LANDE** (J. de), astronome, de l'Acad. des Sciences.

Quatre lett. aut. sig. 1760 à l'an XIII. 2 p. in-8 et 3 p. in-4.

282. **LAMARTINE** (Alphonse de), memb. de l'Acad. franç.

Cinq lett. et billets aut. sig., in-8 et in-4.

283. **LAMBERT**, contrôleur général des finances.

Onze lettres et billets aut sig., et une lettre sig., 1756 à 1789. Ensemble, 14 pièces in-8, in-4 et in-fol.

Lambert. Quatre lett. aut. sig., à M. Demotte, trésorier de France, 1740 à 1765. Ensemble : 7 p. in-4. Cachets.

284. **LAMENNAIS** (l'abbé F. de), célèbre publiciste.

1° L. aut. sig. de ses initiales *F. M.*, à M. Picot. 1 p. in-8. Déchirure par le cachet. — 2° Billet aut. sig. Mardi 5 octobre. Demi-page in-8.

285. **LAMORANDIERE**, écrivain moraliste.

L. aut. sig., à M. Tassin de Villepion, à Orléans, 6 oct. 1766. 1 p. pl. et demie in-4. Cachets.

286. **LANGUEDOC**, documents concernant l'histoire et l'administration de la province du Languedoc. XVIe et XVIIe siècle.

Huit pièces manuscrites et originales, dont une signée par Louis XIII. et quatre imprimées pour être placardées, in-fol. Curieux dossier.

287. **LANGUET DE GERGY**, curé de Saint-Sulpice. Né à *Dijon*. Il ouvrit une quête pour la belle église de Paris, qui fut commencée en 1718. Fondat. de l'Enfant-Jésus.

Discours prononcé par lui, lorsque M. le cardinal de Noailles, archevêque de Paris, posa la première pierre de l'Eglise de Saint-Sulpice. 2 gr. p. pl. et demie aut. in-4.

288. **LA REVELLIERE LEPEAUX** (Louis-Marie), conventionnel, membre du Directoire. N. 1753. M. 1824.

1° L. aut. sig., à M. Légier, maire d'Ardon, au Ponceau, faubourg Mavreau, à Orléans. Paris, 16 août 1809. 3 p. pl. in-8.

2° L. aut. sig., au même. Paris, 28 sept. 1809. 1 p. pl. in-8.

3° L. aut. sig., au Ministre des Finances, An V. 1 p. in-8. — Note aut. sig., au même, an VII, in-4, et deux petites notes aut.

289. **LA ROCHE-AYMON** (le comte de), lieutenant-général, pair de France.

Exposé de sa vie politique et militaire, mentionnant les documents et pièces à l'appui. 4 gr. p. pl. gr. in-fol., aut. deux fois sig. Curieuse pièce historique.

290. **LA ROCHEFOUCAULD** (François VII, duc de), fils aîné de l'auteur des *Maximes*, grand veneur de France.

Acte notarié, signé, plus cinq fois de ses initiales, signé aussi par Mme Louise de Hanard, veuve du lieutenant-général de Beaugy, seigneur du Bosquet, et par le marquis de la Motte Senonnes. 1705. 3 p. gr. in-fol.

291. **LA ROCHEFOUCAULD-LIANCOURT** (le duc de), constituant, pair, etc., philantrope. N. 1747. M. 1827.

1° L. aut. sig., à M... Hâvre, 29 oct. 1779. 1 p. in-8.

2° *Hospices*. Projet de réglement pour le service de Santé, etc. 2 p. in-4, et 3 gr. p. pl. et quart in-fol aut., et une copie de ce projet (3 p. in-fol.), avec des notes et des corrections aut.

292. **LA ROCHEFOUCAULD-LIANCOURT.** *Le même.*

1° L. aut. sig., à Mme Huzard. Liancourt, 23 mars 1815, 1 p. in-4.

2° *Chambre des Pairs*. Notes aut. sur la conspiration de 1820. 7 p in-4.

293. **LA ROCHEFOUCAULD-LIANCOURT.** *Le même.*

1° L. aut. sig., à M. Meinfred. Paris, 12 nov. 1 p. in-4.

2° *Chambre des Pairs*. Discours aut. sur les impositions indirectes et sur l'industrie 9 gr. p. in-fol. — Plus, copie mise au net de ce discours, avec des notes et des corrections aut. 14 p. in-fol.

294. **LA ROCHEFOUCAULD-LIANCOURT.** *Le même.*

1° L. aut. sig., à M... Liancourt, 7 nov. 1791. 1 p. in-4.

2° Discours et notes aut. sur les élections de 1816. 14 p. in-fol.

295. **LA ROCHEFOUCAULD-LIANCOURT.** *Le même.*

1° L. aut. sig., à M. Jacques Laffitte, député. Liancourt, 1er septembre 1818. 1 p. pl. in-4. En faveur du colonel Simon.

2° Instruction élémentaire (Discours, notes, comptes-rendus sur l'). Manuscrits aut. 5 p. et demie in-4, et 8 p. in-fol. — Gravure d'une classe mutuelle, in-4 oblong. Dossier intéressant.

296. **LA RONCIERE** (Emile de). Procès de Mlle de Morel.

Deux lett. aut. sig. 1851. 3 p. in-12.

Maubreuil (le mis. de), fameux par ses démélés avec le prince de Talleyrand. L. aut. sig. Paris, 17 oct. 1811. 3 gr. p. pl. in-4. Cachet. Piqûres de vers.

297. **LA ROQUE** (Antoine de), directeur du *Mercure*.

Trois lett. aut. sig., à M. Polluche, à Orléans. Paris, 1733-1735. Ensemble, 7 p. in-4. Cachets.

Lettres intéressantes sur différents points d'histoire et d'archéologie concernant la ville d'Orléans, numismatique, etc.

298. **LA SAUSSAIE** (de), Blaisois, membre de l'Institut, archéologue.

Six lett. aut. sig. Blois, 1834-1836. Ensemble, 12 p. in-8 et in-4.

Lejeune, bibliothécaire honoraire de la ville de Chartres, archéologue. Six lett. aut. sig., à M. Delaplace de Montevray, à Orléans. Chartres, 1833 à 1836. Ensemble, 11 p. in-4. Intéressantes.

Navarre, secrétaire perpétuel de l'Académie de Bordeaux. Deux lett. aut. sig. Bordeaux, 1716 et 1718. 6 p. in-4.

Nicolle. L. sig. Chartres, 5 janvier 1761. 1 p. in-4.

299. **LATOUCHE** (Hyacinthe), poëte, littérateur.

Trois lett. aut. sig. 1811 et 1812. 4 p. in-8 et in-4.

La Bouisse-Rochefort (Auguste de), poëte. Trois lett. aut. sig., à M. Berthevin. 1828-1831. Ensemble, dix p. in-8 et in-4.

300. **LATOUR** père, médecin à Orléans, puis médecin du roi de Westphalie.

Sept lett. aut. sig., et une lett. aut. à divers, à Orléans, etc. Orléans, etc. 1784 à 1827. Ensemble, 19 p. in-18, in-8 et in-4. — Plus, une lettre aut. sig. de son neveu, médecin. Orléans, 1821. 1 p. in-4.

301. **LATRUFFE,** avocat, éditeur des *Pandectes* de Pothier.

Trois lett. aut. sig., à M. Delaplace de Montrevray, à Orléans. Paris, 1820-1824, sept p. in-8 et in-4.

Celle du 30 mars 1820, est relative à sa publication des Pandectes.

302. **LAVALLETTE** (le comte de), directeur général des postes en 1815. Condamné à mort et sauvé le 21 décembre 1815 par le dévouement de sa femme.

L. aut. sig. comme directeur des Postes, à M. le duc... 13 mai... 1 p. in-fol. Très-belle lettre.

303. **LA VALLIERE** (le duc de), bibliophile célèbre.

L. aut. sig., à M. de Boulogne, intendant des Finances. Paris, 8 octobre 1746. Demie p. in-4. Cachet.

304. **LAVATER** (Jean-Gaspard), ministre protestant, le célèbre auteur des *Essais physiognomoniques*.

Billet de 3 lignes a. s. (en allemand). 1791, in-8. Entourage gauffré.

305. **LEBER** (C.), Orléanais, bibliographe, archéologue.

Trois lett. aut. sig. 1819. 5 p. in-8, in-4 et in-fol.

306. **LEBEUF** (l'abbé Jean), chanoine d'Auxerre, historien, membre de l'Académie des Inscriptions et Belles lettres.

L. aut. sig., à M. Polluche, à Orléans. 23 oct. 1744. 3 p. pl. in-8

Lettre intéressante au sujet de la publication de son histoire d'Auxerre.

307. **LEBEUF** (l'abbé Jean). *Le même.*

L. aut. sig., à M. Polluche, à Orléans. Paris, 15 mars 1752. 2 gr. p. pl. et demie in-4. Cachet.

Il l'entretient de quelques publications nouvelles... Que pense-t-il de sa reine Pedauque? Il voudrait bien que sa pièce fut imprimée en entier. La vérité de sa découverte lui serait plus manifestée...

308. **LE BLANC** (l'abbé), secrétaire de la duchesse du Maine.

Sonnet à la louange de Louis XV. Aut. sig. 1736. 2 gr. p. pl. in-4.

309. **LE CONTE DE BIEVRE,** conseiller du roi, avocat et procureur aux siéges royaux de Romorantin, correspondant de l'Académie des sciences d'Orléans.

Cinq lett. aut. sig., à MM. Bouchet, Bellami, De Douy et Tassin de Villepion, a Orléans. Romorantin, 1743-1766. Ensemble, 12 p. in-4. Cachets. Curieuses.

Amelot (famille). 8 lett. sig. et aut. sig. in-4 et in-fol.

Ormesson (famille d'). 8 lett. sig. et aut. sig. in-8 et in-4.

310. **LE COZ** (Cl.), archevêque de Besançon.

L. aut. sig., à M. Noël... Besançon, 13 nov. 1809. 3 gr. p. pl. in-4.

Il se sent, hélas! bien incapable de soutenir la bonne opinion qu'on a de lui. « Je ne suis, Monsieur, qu'un pauvre bas-breton, un enfant de Quimper-Co« rentin, de ce pays qu'on faisait tant redouter au bon La Fontaine, et où ce« pendant, plus peut-être que partout ailleurs, il eût pu trouver des caractères « analogues au sien, et de sincères admirateurs de son aimable originalité, etc.»

311. **LEGOUVE,** auteur du poëme du *Mérite des femmes*, membre de l'Institut. N. 1764. M. 1812.

L. a. s., à M. Renouard, ce 19 au soir. 2 p. pl. in-4. Intéressante.

312. **LEGOUVE.** *Le même.*
L. a. s., à son collègue... Paris. 15 floréal an X. 1 p. et demie in-4.

313. **LEKAIN** (Henri-Louis), tragédien. N. 1728. M. 1778.
L. aut. sig., à M... Paris, 11 sept. 1760. 1. p in-4.

314. **LE LABOUREUR** (Louis), poëte.
L. aut. sig., à Mlle de Scudéry. Ce samedi matin. 1 p. pl. pet. in-4.
Jolie et curieuse lettre. Il y est question du père Bonhours, de Pélisson, Nublé et Ménage.

315. **LENCLOS** (Anne de), dite *Ninon*.
L. aut., à M... 3 p. pl. petit in-4.
Elle le remercie des nouvelles d'Angleterre qu'il lui a données, et l'entretient de M. de Saint-Evremond.

316. **LENCLOS** (Anne de). *La même.*
L. aut., à M... 30 juin. 1 p. pl. et tiers in-4. Petite déchirure au bas de la marge extérieure.
Sa santé n'est pas tout-à-fait si vigoureuse que celle de M. de Saint-Evremond dont tous ceux qui viennent de Londres disent des choses qui lui font un très-grand plaisir...

317. **LENCLOS** (Anne de). *La même.*
L. aut., à M... attribuée à Ninon de Lenclos, mais que nous croyons d'une autre main. 3 p. pl. et demie petit in-4.
Elle l'entretient de la gravure de deux cachets, dont les empreintes à la cire noire sont données dans la lettre.

318. **LENGLET DU FRESNOY** (l'abbé), savant.
L. aut. sig., à M. Polluche, à Orléans. Paris, 1er novembre 1753. 2 p. in-4. Cachet. Intéressante.

319. **LENGLET DU FRESNOY** (l'abbé). *Le même.*
L. aut. sig., à M. Polluche, à Orléans. Paris, 3 avril 1654. 3 p. in-4. Cachet.
Le déménagement du sieur de Villeneuve ne devait pas l'empêcher de lui remettre les neuf cent soixante exemplaires de la 3e partie de la *Pucelle*, avec les 150 exemplaires des deux premières parties, dont suivant sa lettre du 11 février il n'a pas vendu un seul exemplaire. Il est plus heureux que lui, car ces cent cinquante sont vendus en Hollande avec cinquante autres à deux libraires d'Amsterdam... etc., etc.»

320. **LENGLET DU FRESNOY** (l'abbé). *Le même.*
L. aut. sig., à M. Polluche, à Orléans. 12 fév. 1754. 4 p. in-8.
Au sujet de l'impression de la *Pucelle*. Papier qu'il veut employer. Il fera graver le portrait de la pucelle. « Y en aurait-il à Orléans quelque tableau et « s'il y en a, ressemble-t-il à celui qui est dans : *Hordal de Puella aurelianensi...*»

TROISIÈME VACATION.

Vendredi 20 mai. — Nos 321 à 480.

321. **LEOPOLD,** duc de Lorraine et de Bar. N. 1679. M. 1729.
L. aut. sig., à M. Fournier, Lunéville, 25 oct. 1704. 3 gr. p. pl. et demie in-4.
« Sur l'auis que jay eu que milord Malberoug marchoit auec 72 battallions « pour s'emparer de Treu, Saint Wendek, Hombourg, et peut-estre encor « faire le siege de Trarbach, je uous enuoye la sy jointe pour se milord affin « que uous l'aiés trouué pour luy recommender mes estats uous uerres par la « copie ce que je luy escrits la dessus je suis persuadé que quand uous luy aures parle uous obtienderes de luy pour que nous nous puissions pare le coup « qui nous menasse... etc., etc. »

322. **LEROY** (Julien), horloger célèbre. Né à Tours.
Deux L. aut. sig., à l'abbé de Hautefeuille, à Orléans. Paris, 6

avril 1721. 3 p. in-4. Deux cachets différents, et Paris 17 mars 1722. 2 gr. p. in-4. Cachets. Déchirures par les cachets.
Ces deux lettres sont relatives à des pièces d'horlogerie de son invention.

323. **LE SUEUR** (Jean-François), célèbre compositeur.
L. aut. sig., à M. d'Henneville. 3 avril 1821. 1 p. pl. in-4.
Au sujet des répétitions, à l'église Notre-Dame, pour le baptême du duc de Bordeaux. Curieux.

324. **LE SUEUR** (Jean-François). *Le même*.
1° Apostille de 18 petites lignes aut. sig. (découpées d'une pétition), suivie de sept petites lignes aut. sig. de Chérubini.
2° Fragment aut. de musique, certifié par sa femme, à Paris, le 29 janvier 1838. 2 p. pl. in-fol.

325. **LE TELLIER** (Charles-Maurice), frère de Louvois, archevêque de Reims. Il a légué sa bibliothèque à la Bibliothèque de Sainte-Geneviève. Mort subitement à Paris en 1710, à 68 ans.
L. a. s., à M... Paris, 26 décembre 1704. 1 p. pl. et demie in-4.

326. **LE TOURNEUR** (Pierre), traducteur des *Nuits d'Young*.
L. aut. sig., à l'abbé Mercier de Saint-Léger. Paris, 7 mars 1774. 1 p. in-4.

327. **LE TROSNE**, magistrat, jurisconsulte orléanais.
Cinq lett. aut. sig., dont quatre à M. Jousse, et la cinquième à Mlle Sauvat, supérieure de l'hôpital, à Orléans. 1750 à 1780. Ensemble, neuf p. in-4.
Affaires judiciaires, affaires civiles, coutumes, etc.

328. **LIMNANDER**, compositeur.
Jean Bart. Musique aut. sig. en tête. 6 gr. p. in-fol. (Brulure au bas, mais ne touchant pas le texte).

329. **LITTERATEURS**, *historiens*, etc. 29 lett. aut. et aut. s.
Berriat Saint-Prix. — Bouilly. Deux lett. — Deschamps (Emile). — Jauffret. — Le Bailly. — Martin (Aimé). Dix lett. — Nogaret (Félix.) — Pallet. — Petitain. Deux lett. — Pradel (Eugène de). — Taschereau (Jules). Quatre lett. — Tréneuil. Trois lett. — Vitet. Très beau lot.

330. **LITTERATEURS**, *publicistes*, etc. 23 lett. sig. et aut. s.
Bourienne. Trois lett. — Boissy d'Anglas. Deux lett. — Chateaubriand. Billet de 4 lig. aut. — Désaugiers. L. et 2 vers aut. — Grégoire (Henri). — Grimod de la Reynière. — Hugo (Victor). — La Rochejaquelein (le Mis de). — Mandar (Théophile). Deux lett. — Mitouflet de Beauvais. Trois lett. — Palissot de Montenoy. Deux lett. — Pils (de). Cinq lett.

331. **LITTERATEURS**, *publicistes*, etc. 15 lett. aut. sig.
Alzay. — Anicet Bourgeois. — Bayard. — Bertin. — Burtez Delacours. — Deslandes (Raymond). — Dumersan. — Dupaty (Emm.) 2 pièces. — Duport (Paul). — Escudier. — Fiorentino. — Girardin. (Emile de). — Guillard (Léon). — Halévy (Fr.) — Havin.

332. **LITTERATEURS**, historiens, etc. 15 lett. aut. sig.
Planard. — Pontécoulant (le vicomte Ad. V. de). — Rolin. — Saint-Aulaire. — Saint-Elme. — Sandeau (Jules). — Sauvo. — Ségur (le comte de). — Ségur (le comte Louis-Philippe de). — Souvestre (Emile). — Théaulon. — Tissot. — Vatout. — Vidocq. — Walckenaer; etc.

333. **LITTERATEURS**, auteurs dramat., etc. 12 lett. aut. s.
Herbin (Victor). — Houssaye (Arsène). — Gataye (Léon). — Lecomte (Jules). — Léotard (P.). — Léotard (Sophie). — Mélesville. Deux lett. — Merle. — Molé Gentilhomme. — Marger. — Najac (Emile de).

334. **LITTERATEURS,** *Poëtes, historiens,* etc. 5 pièces.
Adry (le père), bibliographe. Minute aut. de quatre pages in-4, sur la famille Le Voyer d'Argenson. — Amanton, L. aut. sig. 2 p. in-8. — Guiraud (Alex.), poëte. Pièce de vers aut. 2 p. in-4. — Valois (Henri de), historiographe. Quitt. sig. (sur parch.). 1675. — Valois (Adrien de) historiographe. Quitt. sig. (sur parch.). 1696.

335. **LONGUEVE** (le chevalier Henry de), Orléanais, maître des requêtes au conseil d'Etat, député.
Neuf lett. aut. sig., et *quelques observations sur le procès intenté en police correctionnelle à Montargis par le sieur Pingot, aux sieurs Roy et Bonnard*... à M. le président de La Place, à Orléans. Paris et Orléans, 1788 à 1829. Ensemble, 27 p. in-8 et in-4.

336. **LOUIS XIV,** roi de France.
Ordonnance sig., comme *comte de Provence*, et contresignée par Colbert (de Torcy), datée de Fontainebleau, le 10 oct. 1698. 3 gr. p. in-fol. Sceau. (Quelques mouillures). Pièce historique importante.
Défense à ceux de la *religion prétendue réformée* de posséder des armes, sous peine des galères, sans autres formes de procès, et fixation du nombre de celles que pourront posséder les nouveaux convertis...

337. **LOUIS XV,** roi de France.
L. aut. sig., au maréchal.... Sans date. 1 p. in-4. Portr.
Ordre de surveiller les anglais, et de ne pas perdre de vue Belle-Isle, car il croit que c'est leur principal objet.

338. **LOUIS XVI,** roi de France.
Billet de trois lignes a. s. Paris, 17 juin 1791. Quart de page in-8.

339. **LOUIS XVIII,** roi de France.
L. aut. sig., à M... Vérone, 14 mai, 1795, 1 p. pl. in-8.

340. **LOUIS XVIII** et lord **MALMELSBURY.**
Notes diplomatiques secrètes et curieuses sur Louis XVIII, à l'armée de Condé, et sur lord Malmelsbury, comme négociateur pour l'angleterre, adressées au citoyen Delacroix, ministre des relations extérieures. 1° Paris, rue St-Marc n° 33, le 3 brumaire an V. 2 gr. p. in-4. — 2° Du 12 floréal. 4 gr. p. pl. in-4.

341. **LOUIS-PHILIPPE Ier**, roi des Français.
1° Lett. close, sig. 1841. 1 p. in-4. — 2° approuvé de 3 lig. aut. 1825. 2 p. in-fol.
Marie-Amélie, reine des Français. 3 lig. aut. in-8.
Adélaide d'Orléans (Mme). Deux pièces avec les mots : approuvé.

342. **LUKER,** de Beaugency, poëte latin.
Huit lett. aut. sig., à M. de Rochas, à Orléans. Beaugency, an IV à 1797. Ensemble, 11 pages in-8 et in-4. Littéraires, etc.

343. **LULLY** (Louis de), fils aîné de J.-B. de Lully, filleul de Louis XIV, et l'abbé Jean-Baptiste de Lully, son frère.
Bail d'une maison à Paris; acte notarié signé par les deux frères. 4 sept. 1689. 2 p. in-fol.

344. **LUXEMBOURG** (Mme la duchesse de).
L. aut. sig., à M... Paris. 13 décembre 1697. 2 p. pl. et demie, in-4. Intéressante.

345. **MAINTENON** (Mme la marquise de).
L. sig. (le corps de la lettre de la main de Mlle d'Aumale), à madame Desmarets. Saint-Cyr. 19 septembre 1707. 1 p. et quart in-4. Cachet.
Elle sait qu'elle veut bien lui faire avoir encore du riz. Elle lui ferait un grand plaisir d'en faire porter cent livres de sa part à la supérieure des Madelonnettes, qui sont dans une grande nécessité, « et s'il vous en vient de Roüen, « ne pourriez-vous point en faire laisser cent livres à Gisors pour Mme l'ab-« besse de Gomer-Fontaine qui, avec ma protection, est preste à succomber à « la misère... »

346. **MALESHERBES** (Lamoignon de), défenseur de Louis XVI.
Deux lett. sig. 1768 et 1787. Celle de 1787 est curieuse.
LAMOIGNON (le président de). L. aut. sig. 1757. Demie page in-8, et cinq lett. sig., à MM. Tanin de Villepion et Leclerc de Douy, à Orléans. 1751 à 1760.
LAMOIGNON DE BLANCMÉNIL. Deux lett. a. s., à M. Leclerc de Douy, à Orléans. Malesherbes, et Paris, 1740 et 1742. 3 p. in-4. Cachet.

347. **MALLARD**, avocat, poëte orléanais.
Quatre lett. et pièces de vers aut., et aut. sig., à M. Jousse, à Orléans. Paris 1734-1744. Ensemble, 10 p. in-4.

348. **MANCINI** (Hortense), duchesse de Mazarin.
L. aut., à l'abbé d'Hautefeuille, à l'hôtel de Bouillon, sur le quai des Théatins, à Paris, 27 nov. 1 p. pl. in-4. Cachet.

349. **MANCINI** (Hortense). *La même.*
L. aut., à l'abbé d'Hautefeuille. 16 sept. 1695. 2 gr. p. et quart, in-4. Cachet.

350. **MANCINI** (Hortense). *La même.*
L. aut., à l'abbé d'Hautefeuille. 14 janvier 1698. 1 p. pl. et demie in-4. Cachet.

351. **MANCINI** (Hortense). *La même.*
L. aut., à l'abbé d'Hautefeuille. 27 sept. 3 p. pl. in-8. Cachet.

352. **MANCINI** (Hortense). *La même.*
L. aut., à l'abbé d'Hautefeuille. 3 fév. 1696. 1 p. pl. in-4. Cachet.

353. **MANCINI** (Hortense). *La même.*
L. aut., à l'abbé d'Hautefeuille. 23 oct. 1 p. et demie in-8. Cachet.

354. **MANCINI** (Hortense). *La même.*
L. aut., à l'abbé d'Hautefeuille. 9 mai 1698. 2 p. pl. et quart in-4. Cachet.

355. **MANCINI** (Hortense). *La même.*
L. aut., à l'abbé d'Hautefeuille. 22 déc. 2 gr. p. in-4. Deux cach.

356. **MANCINI** (Hortense). *La même.*
L. aut., à l'abbé d'Hautefeuille. 14 janv. 1 p. pl. et quart in-4. Cachet.

357. **MANCINI** (Hortense). *La même.*
L. aut., à l'abbé d'Hautefeuille. 13 juin. 2 p. pl. et demie in-4. Cachet.

358. **MANCINI** (Hortense). *La même.*
L. aut., à l'abbé d'Hautefeuille. 5 août 1695. 2 gr. p. in-4. Cach.

359. **MANCINI** (Hortense). *La même.*
L. aut., à l'abbé d'Hautefeuille. 18 oct. 1697. 1 p. in-4. Cachet.

360. **MANCINI** (Hortense). *La même.*
L. aut., à l'abbé d'Hautefeuille. 1er nov. 2 p. in-4. Cachet.

361. **MANCINI** (Hortense). *La même.*
L. aut., à l'abbé d'Hautefeuille. 17 sept. 1 p. et quart in-8.

362. **MANCINI** (Hortense). *La même.*
L. aut., à l'abbé d'Hautefeuille. 1er oct. 2 p. et quart in-8.

363. **MANCINI** (Hortense). *La même.*
L. aut., à l'abbé d'Hautefeuille. 3 mai. 1 p. pl. et demie in-8. Cach.

364. **MANCINI** (Hortense). *La même.*
L. aut., à l'abbé d'Hautefeuille. 25 oct. 2 p. in-8.

365. **MANCINI** (Hortense). *La même.*
L. aut., à l'abbé d'Hautefeuille. 29 mai. 2 p. in-8. Cachet.

366. **MANCINI** (Hortense). *La même.*
L. aut., à l'abbé d'Hautefeuille. 28 août. 2 p. in-8. Cachet

367. **MANCINI** (Hortense). *La même.*
L. aut., à l'abbé d'Hautefeuille. 18 juillet. 1 p. et quart in-8. Cach.

368. **MANCINI** (Hortense). *La même.*
L. aut., à l'abbé d'Hautefeuille. 19 mars. 2 p. et demie in-8. Cach.

369. **MANCINI** (Hortense). *La même.*
L. aut., à l'abbé d'Hautefeuille. 30 déc. 1695. 1 p. pl. in-8.

370. **MANCINI** (Hortense). *La même.*
L. aut., à l'abbé d'Hautefeuille. 25 sept. 1 p. pl. et quart in-8. Cach.

371. **MANCINI** (Hortense). *La même.*
L. aut., à l'abbé d'Hautefeuille. 26 fév. 1 p. pl. et demie in-8. Cach.

372. **MANCINI** (Hortense). *La même.*
1° L. aut., à l'abbé d'Hautefeuille. 8 oct. 1 p. in-8.
2° L. aut., au même. 10 sept. 1 p. in-8.

373. **MANCINI** (Hortense). *La même.*
1° L. aut., à l'abbé d'Hautefeuille. 12 mars. 1 p. in-4.
2° L. aut., au même. 1 p. in-4.

374. **MANCINI** (Hortense). *La même.*
1° L. aut., à l'abbé d'Hautefeuille. 10 fév. 1 p. in-4. Cachet.
2° L. aut., au même. 23 mars. 2 p. et demie in-8. Cachet.

Cette correspondance d'Hortense Mancini (du n° 348 au n° 374 sera vendue en un seul lot, s'il est fait des offres suffisantes.

375. **MARCELLUS** (le comte de), publiciste, député.
Six lett. aut. et aut. sig., à divers. Ensemble, 8 p. in-8.
Marchangy (de), auteur de *Tristan le Voyageur*, *La Gaule poétique*, etc., L. aut. sig. 1815. 2 p. in-8.

376. **MARECHAL** (Silvain), littérateur, auteur du *Jugement dernier des Rois*, *Dictionnaire des Athées*, etc.
L. aut. sig., à Mathon de la Varenne. Paris, 20 germinal an III. 1 p. pl. in-4.
Il le prie de lui avancer encore trois francs... car après avoir fait raccomoder ses culottes, il ne lui reste plus un sou, et il est de garde pour 24 heures...

377. **MARECHAUX DE FRANCE.** 15 lett. et pièces sig.
Berthier; Bugeaud (aut. sig.); Bessières; Davout; Clarck; Gérard; Gouvion Saint-Cyr; Kellermann; Lobau; Macdonald; Maison; Mortier, Ney et Soult.

378. **MARECHAUX DE FRANCE,** généraux, etc.
Cinquante-cinq lett. et pièces sig., aut., et aut. sig., de 1677 à 1827. in-8, in-4 et in-fol.

379. **MARIE-ANNE,** électrice de Bavière, fille de Ferdinand III, empereur d'Allemagne.
L. a. s. (en allemand). 10 janv. 1648. 1 p. in-4. Cach. Mouillures.

380. **MARIE-ISABELLE,** sœur de Ferdinand VII, roi d'Espagne. Née le 6 juillet 1789. Mariée à François-Janvier-Joseph, prince héréditaire de Naples et des Deux-Siciles, le 6 octobre 1802.
L. aut sig. *Maria Isabel* (en italien). Palerme, 15 mai 1812. 1 p. pl. et quart in-8. Papier avec entourage gauffré.

381. **MARIE-JOSEPHE DE SAXE,** *mère de Louis XVI*, femme du grand Dauphin.
L. aut. sig., à son frère, le prince Xavier de Saxe. 29 sept. 1753. 1 p. pl. in-4. *Rare.*
Charmante lettre intime. Elle l'aime de tout son cœur. Dieu veuille qu'elle puisse le lui redire un jour de bouche, mais elle n'ose presque plus se flatter

d'avoir un jour cette consolation, qui est pourtant la seule qu'elle peut recevoir de sa famille. « Vous savez sans doute que mon fils cadet a eu le bonheur d'a-« voir le même saint patron que vous. J'espère que cela vous donnera un peu « d'amitié pour luy, d'autant plus que je le dois à l'intercession de ce grand « saint, ainsi que la reine, notre mère, vous doit à la protection de ce même « saint... Je vous remercie des compliments que vous me faites sur mon heu-« reux accouchement... »

382. **MARIE-JOSEPHE DE SAXE.** *La même.*

L. aut. sig., à son frère, le prince Xavier de Saxe. 27 août 1757. 1 p. et quart in-4. Cachet.

Très-jolie lettre de conseils. Elle ne doute pas que son frère n'ait remporté tous les prix à la fête de l'Ordre; « Mais je vous avouë que j'aimerai mieux « aprendre que vous vous appliquez à l'étude et à la lecture et autres occupa-« tions bien cerieuses, choses qui me paroissent un peu plus importantes qu'à « sçavoir tirer au blanc, et je vous avouë que je suis honteuse pour vous d'en-« tendre dire à tous ceux qui vous voyent que vous ne sçavez parler d'autre « choses que de chasses, de chiens et de chevaux, etc.

383. **MARIE-JOSEPHE DE SAXE.** *La même.*

L. aut., à son frère, le prince Xavier de Saxe. 21 mai 1753. 1 p. in-4. Beau cachet bien conservé.

Intéressante lettre dans laquelle elle exprime vivement son amitié pour son frère.

384. **MARIE-JOSEPHE DE SAXE.** *La même.*

L. aut. sig., à son frère, le prince Xavier de Saxe. 5 mai 1749. Demi-p. in-4.

Elle a eu peur qu'il ne l'ait tout-à-fait oubliée. « Ne me faites pas ce cha-« grin, car cela serait me donner la mort que d'être oubliée par un frère... « M. le Dauphin m'a chargée de vous faire mille compliments de sa part... »

385. **MARIE-JOSEPHE DE SAXE.** *La même.*

L. aut. sig. (en allemand), à son frère, le prince Xavier de Saxe. 29 sept. 1752. 1 p. in-4.

386. **MARIE-JOSEPHE D'AUTRICHE,** *mère de la précédente*, femme de Frédéric-Auguste, électeur de Saxe, roi de Pologne.

L. aut. sig., à son fils, le prince Xavier de Saxe. Varsovie, 2 mai 1750. 1 p. pl. in-4. Cachet.

Charmante lettre dans laquelle elle se plaint des goûts futiles de son fils. Elle lui recommande l'application à l'étude et surtout la crainte de Dieu, afin « que vous vous rendiés plus digne par votre bon comportements, des grâces « du roi, votre père, et méritiés par là qu'il vous prenne une autre fois avec « nous en Pologne. »

387. **MARIE-JOSEPHE D'AUTRICHE.** *La même.*

L. aut. sig., à son fils, le prince Xavier de Saxe. Varsovie, 18 janv. 1749. 1 p. in-4. Cachet.

Souhaits de bonne année. Lettre empreinte de tendresse et de piété.

388. **MARIE-JOSEPHE D'AUTRICHE.** *La même.*

L. aut. sig., à son fils, le prince Xavier de Saxe. Dresde, 11 avril 1750. 1 p. in-8.

Elle le félicite sur le succès de ses chasses, et surtout sur le bonheur qu'il a de faire sa cour à son cher papa, etc... « Je vous recomende à vos prières l'âme « de feue l'impératrice, ma chère mère, dont nous ferons l'anniversaire le 13..

389. **MARIE-JOSEPHINE-LOUISE** de Savoie, femme du comte de Provence (Louis XVIII).

Ordre de payement d'une somme de 6000 liv. 1779. 1 p. pl. in-8.

390. **MARIETTE,** oratorien, controversiste.

L. aut. sig., à M. Prévost de la Jannès. Orléans, 13 mai 1718. 3 gr. p. pl. in-8. Cachet en partie enlevé. Intéressante.

391. **MARMONT** (le maréchal), duc de Raguse.

1° Son serment signé, comme membre de la Légion d'Honneur. Châtillon-sur-Seine, 11 août 1816. 1 p. in-4.

2o L. aut., à M... Vienne, 22 avril 1841. 1 p. in-8. Cachet.

392. **MARMONTEL,** littérateur, membre de l'Acad. franç.

L. aut. sig., à M. Panckoucke. Ce vendredi. 1 p. pl. in-8.

393. **MARMONTEL.** *Le même.*

L. aut. sig., à M. le marquis de Marnésia, capitaine au régiment du roi, à Besançon. Paris, 2 sept. 3 p. in-4. Cachet. (Brisée en deux).

Belle lettre au sujet de son *Eloge de Sully* qu'il vient de lire, et pour lequel il lui donne son sentiment et des conseils.

394. **MARMONTEL.** *Le même.*

1o Son sentiment sur un éloge de J.-J. Rousseau. 1791. 1 p. pl. aut. in-4.

« Cet ouvrage est plein d'enthousiasme. Il réunit les beautés et les défauts « que l'enthousiasme produit... »

2o Deux fragments aut. de ses éléments de morale. 3 p. in-8 et in-4.

395. **MARS** (Mlle), célèbre comédienne.

L. aut. sig., à M. Duviquet. 13 juillet 1827. Demi-page in-8.

396. **MARS** (Mlle), célèbre comédienne.

L. aut. sig., à M... Ce mardi 7. 1 p. in-8.

397. **MARTIGNAC** (le vicomte de), ministre de Charles X, littérateur. Né à Bordeaux.

L. aut. sig., à M. le général Lafont. Miramont, 13 octobre 1829. 3 gr. p. pl. in-4. Cachet. Intéressante.

398. **MATTEI** (l'abbé Stanislas), célèbre musicien et compositeur, professeur de Rossini et de Donizetti.

L. aut. sig. (en italien). Bologne, 15 août 1810. 1 p. in-4 (Petite tache d'huile en tête). *Rare.*

399. **MAUMENET** (l'abbé Louis), poëte. L'Académie française, celle des Jeux Floraux et celle d'Angers, ont couronné plusieurs de ses poésies.

La prise de Lérida par monseigneur le duc d'Orléans. Ode (en vers latins et français, en regard). Aut. sig. 10 p. in-4. Forte mouillure.

400. **MAZARIN** (Armand-Charles de la Porte, duc de), mari de Hortense Mancini, nièce du Cardinal.

L. aut. sig., à madame... A Véretz, le 13 août... 2 p. pl. in-4. Intéressante.

401. **MAZAS** (le colonel), chef de la 34e demi-brigade d'infanterie de ligne, tué à la bataille d'Austerlitz. L'Empereur a donné son nom à la place qui forme la tête de ce pont du côté des fossés de la Bastille.

L. sig. Storly, 5 fructidor an IX. 1 p. in-fol. Tête impr., vignette. Fatiguée et raccommodée. *Rare.*

MAZAS, capitaine de la vieille garde, frère du précédent. L. aut. sig., à M. de Norvins. Paris, 21 déc. 1827. 2 gr. p. in-4.

Détails intéressants sur les circonstances qui ont précédé, accompagné et suivi la mort de son frère.

402. **MEDECINS CELEBRES,** *Chirurgiens, Chimistes,* etc.

BOSQUILLON; CADET DE VAUX; CORVISART; DELARUE; DESCOURTILS; DESFONTAINES; DUBOIS (Antoine); DUPUYTREN; FOURÉ; JALLON; MARJOLIN; MONFALCON; ORFILA; PARISET; PELLETIER; PORTAL; POULLET; DUPARC; POULLENC; TENON, etc., etc. Ensemble, 40 let. et pièces sig., et aut. sig.

403. **MERAULT,** vicaire-général, supérieur du grand séminaire d'Orléans, de la Société des sciences d'Orléans.

Sept lett. aut. sig. 1807 à 1829. Ensemble, 7 p. in-4.

404. **MERCIER DE SAINT-LEGER** (l'abbé), bibliothécaire de Sainte-Geneviève, savant bibliographe.

1° L. aut. sig., à M. de Froberville, à Orléans. Paris, 12 avril 1783. 1 p. pl. in-8. Cachet. Jolie lettre. Curieuse.

2° Billet aut. sig. (à la 3e pers.), à Mme de Milly. 30 mars 1791. 1 p. in-18.

405. **MERY,** poëte marseillais.

L. aut. sig., à M. Romieu. Paris, 26 juillet 1846. 4 p. pl. in-8. Littéraire. Intéressante.

406. **MESSIER** (Charles), savant astronome.

Notes aut., 18 fragments in-18 et in-8.

407. **MILLEVOYE** (Charles-Hubert), poëte élégiaque.

L. aut. sig., à M. de La Bouïsse. Paris, 3 février 1807. 3 p. pl. in-4. Cachet. Très-jolie lettre.

L'intérêt qu'il lui a constamment témoigné lui est garant qu'il n'apprendra pas sans quelque plaisir son nouveau succès à l'Académie française. Il vient de remporter le prix de poésie, dont le sujet est *le Voyageur*... Il avait à lutter contre deux rivaux redoutables, l'un surtout, M. Victorin Fabre, dont l'ouvrage a fait le plus grand effet et a même laissé à l'Académie le regret de n'avoir pas un second prix à décerner... Son sentiment sur l'auteur de l'*Anti-gastronomie*, Gouriez...; il n'est pas connu en littérature, mais il annonce du talent dans le genre badin....

408. **MINISTRES,** hommes d'Etat, avant et depuis 1789.

Soixante-quinze lett. sig. et aut. sig., in-4 et in-fol.

409. **MINISTRES,** hommes d'Etat, avant et depuis 1789.

Soixante-quinze lett. sig. et aut. sig., in-4 et in-fol.

410. **MINISTRES,** hommes d'Etat, avant et depuis 1789.

Soixante-douze lett. sig. et aut. sig., in-4 et in-fol.

411. **MINISTRES,** hommes d'Etat, avant et depuis 1789.

Soixante-deux lett. sig., et aut. sig. in-4 et in-fol.

412. **MIRABEAU** (le marquis de), économiste.

L. aut. sig., à M. Mantore. Paris, 17 oct. 1787. 1 p. in-4.

413. **MIRABEAU** (le comte de), orateur célèbre.

L. aut. sig., à M. Boucher. 8 novembre 1780. 1 p. in-8.

414. **MIRABEAU** (le comte de). *Le même.*

1° Billet aut. sig., à Maradan. 29 nov. 1788. in-8.

2° Billet aut., à Marandan. Dimanche. in-8.

415. **MOLE** (François), célèbre acteur du Théâtre-Français.

L. aut. sig., à son ami... Sans date. 2 p. in-4.

416. **MOLIERE.**

Devis des frais et produits d'une édition des œuvres de Molière avec des commentaires. Par l'auteur (Luneau de Boisjermain) de ceux qui ont été publiés sur les œuvres de Racine. 3 gr. p. in-fol. et 2 p. in-4, plus, une lettre sig. de Luneau de Boisjermain adressée à l'abbé Mercier de Saint-Léger, au sujet d'un superbe exemplaire de Racine qu'il veut vendre. Paris, le 10 avril 1787. 1 p. in-4. Curieux dossier.

417. **MONMERQUÉ,** éditeur des lettres de Mme de Sévigné.

Cinq lett. aut. sig., à M. le président de La Place, à Orléans. Paris, Orléans, 1824-1825. Ensemble, 9 p. in-8 et in-4.

418. **MONTHOLON** (le général, comte).

L. a. s., à Mme... Forteresse de Ham, 25 janvier 1841. 1 p. in-4.

Oudinot (le maréchal), duc de Reggio. L. a. s. 1837. 1 p. in-8, et pièce sig. Milan, 20 fructidor an III. 1 p. in-fol. — Serurier (le maréchal), L. a. s. 1815. 1 p. in-4. — Bertrand (le général, comte). L. a. s. 1 p. in-8. — Angoulême (Louis-Antoine, duc d'). L. sig. 2 p. in-8.

419. **MONTMORENCY** (le connétable Anne, duc de).
L. avec la souscription d'une ligne aut. sig., à M. le comte de Lude. Lorry, 12 mai 1556. 1 gr. p. pl. in-fol. Trace de cachet. Très-belle pièce historique.
Relative à l'exécution de la trêve avec l'empereur.

420. **MONTMORENCY** (Henri II, duc de), gouverneur du Languedoc, amiral de France. Mis à mort en 1632.
Deux pièces sig., comme gouverneur du Languedoc, et contresig. *Marion*. 1572. 2 gr. p. in-fol. Cachet.
Caylar (Henri du), gouverneur du Languedoc. Pièce sig. 1627. 1 p. in-4.
Convocation des milices pour le secours de Bédarieux.

421. **MORELLET** (l'abbé André), littérateur et publiciste.
1° L. aut. sig., à M. Trudaine. Dimanche. 1 p. in-4. Cachets. — 2° Fragment aut. 2 p. in-4.

422. **MOROGUES** (le baron de), économiste.
Huit lett. aut. sig., à MM. de La Place, Pelletier, etc., à Orléans. La Source, Orléans, etc., 1814 à 1830. Ensemble, 15 p. in-4. Intéres.

423. **MORTEMART** (le duc de).
Trois lett. aut. sig., à M. Leclerc de Douy, procureur du Roi, à Orléans. 1757. 4 p. in-4. Deux avec cachet.

424. **MOUTIERS DE MERAINVILLE** (Charles-François), évêque de Chartres.
1° Pièce épiscopale sig., et contresignée: *Vintant*. 1725. in-4. Cachet. 2° L. aut. sig., à M... Chartres, 11 mars 1741. 1 p. in-4.

425. **MOUTIERS DE MERAINVILLE** (Charles-François), évêque de Chartres.
1° Pièce épiscopale sig., et contresignée: *Poluche*. 1722. in-4. Cachet. 2° L. aut. sig., à M... Chartres, le 6 janvier. 1 p. in-4.

426. **MOYREAU**, Orléanais, architecte de Sainte-Croix, naturaliste.
Dix lett. aut. sig., à M. de Fay, professeur d'Histoire naturelle, à Orléans. Paris, an IV à 1807. Ensemble, 22 p. in-4. Intéressantes.
Moyreau (Mme F.), femme du précédent. L. aut. sig., à M. Dufay Boutroy, à Orléans. Paris, 11 juillet 1806. 1 p. in-4.

427. **MULLER** (Jean de), célèbre historien suisse.
Ampliation signée, comme ministre d'Etat de Jérôme Bonaparte, roi de Westphalie, de la lettre par laquelle le roi annonce que la divine Providence et les constitutions, ayant fixé sur sa tête la couronne héréditaire du royaume de Westphalie, établi par le traité de paix de Tilsitt, il s'est rendu à sa résidence royale de Cassel, où il a pris solennellement possession de ses Etats, et reçu le serment de fidélité de ses peuples... Cassel, 2 janvier 1808.. Grande page double in-fol.

428. **MURATORI** (Louis-Antoine), écrivain célèbre.
L. aut. sig. (en italien). Modène. 15 janvier 1725. 2 p. in-4.

429. **NAIGEON** (Jean), peintre d'histoire, conservateur du Musée du Luxembourg. Né à Beaune (*Côte-d'Or*), 1757.
L. aut. sig., au Ministre de l'intérieur. Paris, 21 floréal an VIII. 2 p. pl. in-4.

430. **NAPOLEON Ier** (l'empereur).
Deux lignes et demie aut., et sa signature *Napol*. en tête d'une pétition à lui adressée. 11 sept. 1808. in-fol.

431. **NAPOLEON** (copie d'une lettre de), certifiée par le duc Decrès, ministre de la marine.
Relative à la bataille gagnée sur les anglais, et à leur expulsion

d'Espagne en 1809. Salves d'artillerie à tirer, etc. Paris. 29 janvier 1809. 1 p. in-4.

Decrès (le duc). L. sig., au Ministre de la guerre. Paris, le 30 janvier 1809. 1 p. in-fol.

Son excellence trouvera, ci-jointe, copie de la dépêche de l'Empereur qui lui prescrit de faire faire une salve de 30 coups de canon sur toutes les côtes où il y a des croisières anglaises, en réjouissance de la victoire remportée sur les anglais, etc., etc.

432. **NAPOLEON III,** empereur des Français.

L. sig., à M. le Maréchal... Palais de l'Elysée, 27 nov. 1 p. in-8.

433. **NATURALISTES,** *agronomes, économistes*, etc.

Humbold (le baron Alexandre de). Cinq lett. et pièces aut. et aut. sig. —Duhamel Du Monceau. L. aut. sig., 1 p. in-8, et lett. sig. 2 p. in-4.—Dupont (de Nemours). Deux lett. aut. sig. 2 p. in-8 et in-4. — Garnier (Germain). L. aut. sig. An X. 2 p. in-4.

434. **NEMOURS** (Marie d'Orléans Longueville, duchesse de), auteur de *Mémoires*.

Sa sig., sur un acte de donation, notarié. 4 oct. 1694. 4 p. in-fol.

Bourbon. (Louis-Henri, légitimé de), fils naturel du comte de Soissons, et d'Elisabeth Deshayes. Pièce sig. 1695. 3 p. in-4.

435. **NEY** (Michel), prince de la Moskowa, maréch. de France.

Minute aut. de plusieurs ordres et de lettres écrites sur le champ de bataille. 1 gr. p. pl. gr. in-fol (Tachée).

436. **NICOLLAZZO,** imprimeur de la ville de Chartres.

Lettre de cachet, signée *Phélypeaux*, adressée à M. de Bernaville par le jeune roi, de l'avis de son oncle, le duc d'Orléans, régent, pour qu'il ait à recevoir en son château de la Bastille, le nommé Nicollazzo, imprimeur de la ville de Chartres. Paris, 13 nov. 1718. 1 p. in-fol.

437. **NICOLO** (Nicolas *Isouard*, dit), compositeur.

L. a. s., à M. Louis Jaumiel, à Orléans. 12 janvier... 1 gr. p. in-4.

438. **NIEDERMEYER** (Louis), compositeur.

L. aut. sig., à M... 1er juillet 1840. 2 p. pl. et demie in-8.

Curieuse. Au sujet de l'opéra de *Stradella*.

Balfe (M. W.), compositeur anglais. L. aut. sig. (en anglais). 31 oct. 3 p. in-8. Portr.

Momigny (Jérôme-Joseph de), écrivain musical et compositeur. L. a. s., à M. le baron de la Ferté. Paris, 20 oct. 1821. 2 p. in-fol.

439. **ODRY** (Jacques-Charles), acteur des Variétés.

1° Pièce sig. 1845. 1 p. in-8. — 2° *Le Pâtissier anglais : rôle de Caramel*, (en vers). Aut. 2 p. in-8.

Lepeintre aîné, artiste dramatique. L. aut. sig. 1854. 1p. in-8.

440. **ONSLOW** (Georges), compositeur, memb. de l'Institut.

« La mort d'Abel, scène dramatique à grand orchestre pour voix de « basse. Paroles de M. de St-Hilaire. Musique de G. Onslow, mem- « bre de l'Institut. » (Ce qui précède est le titre, et est de la main d'Onslow). 43 gr. p. in-fol. avec de nombreuses corrections autogr.

441. **ORIENTALISTES** et *antiquaires* français.

Armand de Villeneuve ; Burnouf ; Cahen ; Dulaurier ; deGuignes; Desjardins ; Jouanim ; Le Blond ; Millin ; Silvestre de Sacy. etc. 19 lett. aut. sig., in-8 et in-4.

442. **ORIENTALISTES** et savants étrangers.

Cerbied ; Frank : Humbert ; Klaproth, etc. 10 lett. sig. et aut. sig.

443. **ORLEANS** (Philippe, duc d'), régent.

L. sig. *Philippe d'Orléans*., à M. Le Bret, président au parlement de Provence, à Marseille. Paris, 8 mai 1716. 1 gr. p. et demie in-fol.

Orléans (le chevalier d'). L. sig. Paris, 17 mai 1745. 1 p. in-4.

444. **ORLEANS** (Marie, duchesse d'), de Milan et de Valois, comtesse de Blois, mère de Louis XII.

Pièce sig. (sur parch.) datée du château de Blois, le 25 février 1471, donnant autorisation à son trésorier de payer la somme de 27,000 livres à la maison de Rohan. Grand in-fol. en travers.

445. **ORLEANS** (Marguerite de Lorraine, duchesse d'), seconde femme de Gaston, frère de Louis XIII.

L. aut. sig., à son cousin... Paris, 1er mai 1660. 1 p. in-4.

446. **ORLEANS** (chambre des décimes du diocèse d').

Deux consultations sig. par Camus, Viard et Doutremon, délibérées à Paris, les 26 mars 1776 et 15 décembre 1778 (ensemble, 14 p. in-fol.), au sujet des grands vicaires de l'évêque d'Orléans qui prétendent avoir entrée et voix délibérative dans la chambres des décimes du Diocèse, etc., etc.

447. **ORLEANS** (évêques et clergé d').

Du Cambont de Coislin. — Elbène (d'). — Jarente Sénac d'Orgeval. — Montmorency-Laval. — Paris (de). 3 lett. et pièces. — Rousseau. — Varicourt (Rouph. de) 6 lett. Ensemble, 23 lett. et pièces sig. et aut. sig. — Plus, 9 lett. et pièces de vicaires-généraux, etc.

448. **ORLEANAIS** (fonctionnaires publics, magistrats, jurisconsultes, savants, députés, etc.)

Cent vingt lett. et pièces sig., aut. et aut. sig., de 1735 à 1837, la presque totalité datées d'Orléans. in-8, in-4 et in-fol. Lot Intéressant.

449. **ORLEANAIS** (fonctionnaires publics, magistrats, jurisconsultes, savants, députés, etc.)

Cent-vingt lett. et pièces sig. aut., et aut. sig., de 1746 à 1826, la presque totalité datées d'Orléans, in-8, in-4 et in-fol. Lot interessant.

450. **ORLEANAIS** (fonctionnaires publics, magistrats, jurisconsultes, savants, députés, etc.)

Quatre-vingt-quinze lett. et pièces sig., aut., et aut. sig., de 1715 à 1836, la presque totalité datées d'Orléans, in-8, in-4 et in-fol. Lot intéressant.

451. **OUDIN** (François), jésuite, savant et bon poëte latin.

L. aut. sig., au Révérend Père. Dijon, 25 sept. 1736. 2 p. pl. in-4.
Lettre intéressante sur ses travaux littéraires, historiques, etc.

452. **PAILLET,** avocat au barreau d'Orléans, auteur du *Manuel du Droit francais.*

Quatre lett. aut. sig. Orléans, 1826. Ensemble 14 p. in-4.

Pardessus, jurisconsulte, professeur à l'Ecole de Droit de Paris, membre du Corps législatif, député.

Six lett. aut. sig. 1821-1825. Ensemble, 8 p. in-8 et in-4.

453. **PAIRS DE FRANCE,** *Conventionnels, sénateurs, députés,* etc.

Soixante-huit lett. et pièces sig., aut., et aut. sig., in-8, in-4 et in-fol.

454. **PAOLI** (Pascal de), célèbre général corse.

L. aut. sig., de ses initiales *P. P.* (en italien). à M. Georgi, membre du parlement, à Caccia. Rostino, 9 sept. 1793. 1 gr. p. pl. in-4. Avec une traduction en français.

Affaires et nouvelles diverses. Il peut lui annoncer, comme deux faits certains, la conclusion de la paix avec l'Espagne, et la défaite de ces pauvres royalistes français débarqués par des vaisseaux anglais sur les côtes de la Bretagne.

455. **PAPIERS** pour la Convention nationale (fourniture des).

Extrait du procès-verbal du 13 missidor an II, relatif à la réquisition de dix mille rames de papier d'impression pour le service de la Convention nationale. Détail du nombre de rames mis en réquisition chez les trente-quatre marchands de papier dénommés... Chacun des dits marchands adressera au comité un état double et la facture des livraisons qu'il aura faites, lesquels seront payés au prix du *maximum*. Cet extrait de 8 p. in-fol., avec cachet, est signé par les représentants du peuple Bouchereau et Chabanon.

456. **PASSIONEI** (Dominique, comte), puis cardinal, habile négociateur, bibliothécaire du Vatican. N. 1682. M.....

1° L. aut., à l'abbé Du Bos. Utrecht, 6 juillet 1713. 3 gr. p. pl. in-4. Affaires diverses, politiques et religieuses.

2° L. aut. sig., au même. Utrecht, 19 juin 1713. 2 p. in-4. Cachet.

457. **PAUL** (Ant.), célèbre danseur de l'Opéra, dit l'*Aérien*.

L. aut. sig., à M... Brighton, 12 juin 1845. 1 p. in-8. Portr.

Paul Dutreih, chanteur de l'Opéra-Comique. L. aut. sig. 1827. 4 p. pl. in-4. Théâtrale.— Paul Michu (Mme Louise), femme du précédent, chanteuse au même théâtre. L. aut. sig. 1830. 1 p. et demie in-4.

Variétés (théâtre des). Acte de société approuvé, et deux fois signé par Crétu, Brunet, Mlle Montansier, etc., au sujet de ce théâtre. 18 déc. 1810. 12 p. in-fol.

458. **PEINTRES FRANÇAIS.** 10 lett. aut. sig. et 1 lett. sig.

Antigna. — Barry. — L. de Beaumont. — Bouterwek. — Delatouche. — Xavier Dupré. — Duval Lecamus. — Claudius Jacquand. — Ph. Rousseau. — Gosse. L. sig. etc.

459. **PEINTRES** de paysage, d'histoire, etc.

Anastasi (Aug.) — Bida. — Daubigny. — Lambert (Eug.) — Moreau (L.). Intéressante. — Tourneux (Eug.); Villevielle. Deux lett. Ensemble, huit lett. aut. sig.

460. **PEINTRES** de *paysage*, d'*histoire*, etc.

Anastasi (Aug.) — Chapelain. — Moreau (L.). Jolie lettre; curieuse. — Tourneux (Eug.) Deux lett. — Villevieille. Deux lett. Ensemble, sept lett. aut. sig.

461. **PELLIEUX** aîné, médecin, archéologue, auteur d'une histoire de Beaugency.

Deux lett. aut. sig. (2 p. in-8, Beaugency, an IX), et quatre lett. sig. datées de Beaugency, 1821 et 1822 (Deux p. in-8 et six p. in-4), adressées à M. le docteur Pelletier, à Orléans. Intéressantes.

462. **PENTHIEVRE** (L.-J.-M. de Bourbon, duc de), beau-père de la princesse de Lamballe.

Quatre lett. aut. sig. adressées à M. De la Marinière, Anet et Sceaux, 1782-1786. 4 p. in-4.

463. **PENTHIEVRE** (le duc de). *Le même.*

Vingt-huit lett. sig., apostilles, aut., et aut. sig., en marge de lettres et rapports à lui adressés par M. Philippe De la Marinierre, son intendant, sur les affaires de sa maison, de 1782 à 1788. Ensemble 80 p. in-4. Curieux dossier.

464. **PEPE** (le général Guill.), chef de l'insurrection de Naples en 1820.

L. aut. sig. (derrière une lettre aut. sig. de M. A. C. Buchon), à M. Denis. Paris, 6 avril 1831. 1 gr. p. pl. in-4. Cachet.

Au sujet de la triste situation de la France, et du triste sort politique des malheureux Italiens... « Plût au ciel que la conduite du ministère actuel ne soit « pas fatale à la France! car si vous faites naufrage tout le libéralisme du con- « tinent de l'Europe se noyera. Il n'y a que la guerre qui puisse sauver la France, « et dans ce cas même l'Italie sera sauvée..., etc., etc.»

465. **PERNETTY** (Dom Antoine-Joseph), bénédictin, devint bibliothécaire de Frédéric II.

L. aut. sig. *D. Pernetty*, à M. Daniel Polluche, membre de le société littéraire d'Orléans, à Orléans. Sans date. 2 p. in-4. Cachet.

Au sujet des figures antiques qu'il lui a demandées, et que Dom Lemeraut a vainement cherché dans les mss. de D. de Montfaucon. « Quand travaillera-t-on « à votre pont? Il n'est plus question des raisonnements que l'on faisoient « contre une si glorieuse entreprise, depuis qu'on a vu votre lettre ; on igno- « roit que le roi en faisoit la plus grande partie des frais, et puisqu'il sera si « beau, on peut bien dire *Regium opus : optimis regis egregium monumentum*. « Mais que deviendra la Pucelle? On ajustera, sans doute, les choses de façon « qu'elle y trouvera sa place ; car elle fait trop d'honneur à votre ville, pour « qu'on l'abandonne à la mauvaise destinée du vieux pont, dans la ruine duquel « elle seroit quelque jour enveloppée. Il n'est pas à-propos qu'après avoir souf- « fert le supplice du feu, on l'expose encore à celui de l'eau...»

466. **PERRONET,** célèbre architecte.

1° Trois lett. aut. sig., et la minute aut. d'une lettre. 1764-1770. Ensemble, 10 p. in-4.

2° Sept lett. sig., datées de Paris et Tours, 1777 à 1792. Ensemble, 14 p. in-4. Celle datée de Tours le 17 sept. 1777 (5 p. in-4). est relative à la construction du pont de cette ville.

467. **PEZENAS** (Esprit), jésuite, physicien et hydrographe.

L. aut. sig., à M... Avignon, 7 oct. 1772. 5 gr. p. pl. in-4.

Très-belle et très-intéressante lettre; toute scientifique.

468. **PHILIPPE IV,** roi d'Espagne.

Six lignes aut. (en espagnol), sur un rapport du Conseil de la guerre, relatif à une victoire navale remportée par les espagnols. 4 déc. 1650. 4 p. et demie in-fol.

469. **PHILIPPE** (le Frère), supérieur général de l'Institut des Frères des Ecoles chrétiennes.

1° Ordre à un Frère de se rendre à Troyes. Pièce sig. Paris, 12 juin 1852. 1 p. in-8 en travers.

2° L. a. s., au frère Photius. Paris, 1er mai 1854, 1 p. 1/2 in-4.

470. **PICOT,** rédacteur en chef du journal l'*Ami de la Religion et du Roi.*

Trois lett. aut. sig., à divers. 1827-1833. 10 p. in-8.

471. **PIIS** (de), auteur dramatique, poëte et chansonnier, l'un des fondateurs du théâtre du Vaudeville.

Ode patriotique sur le dévouement du vaisseau le Vengeur, *par le citoyen Piis. Air de la chanson sur l'inutilité des Prêtres.* Aut. sig. en tête. 4 p. pl. grand in-4.

472. **PILATRE DE ROZIER** (François), naturaliste et physicien, tenta un premier voyage dans les airs avec M. d'Arlande en 1783 et le 15 juin 1785, le feu ayant pris à son ballon, il fut précipité à terre et se tua.

L. aut. sig., à M.... au musée. 6 février 1784. 4 p. pl. in-4.

Les 2e, 3e et 4e pages sont remplies par un *postcriptum* relatif aux expériences aérostatiques présidées par l'Académie des Sciences, par l'ordre du roi. Ils ont quatre ballons en construction... Celui que M. Blanchard vient d'annoncer pourra bien ne pas répondre à l'attente qu'il fait espérer... Les auteurs des machines de Paris sont MM. de Montgolfier, Charles, Mégnié et l'abbé Miolan... Il vient de faire l'analyse du charbon de terre et de la matière fécale, qui lui ont procuré beaucoup de gaz inflammable....

473. **PIRON** (Alexis), poëte et auteur dramatique.

L. aut. (minute), à M. Clairault de l'Académie des sciences, pendant son voyage au nord. Paris, 8 avril 1737. — Suivie de la copie (également de la main de Piron) de la réponse de Clairault à la lettre (qui précède, datée de Tornéo, le 6 mai 1737. Ensemble, 8 gr. p. pl. in-4.

Très-intéressante lettre, la plus grande partie en vers.

474. **PIRON** (Alexis), *Le même.*

Le miroir de la vérité. Conte (en vers). 12 p. pl. in-4.

475. **PIRON** (Alexis). *Le même.*

Lettre à M. le comte de... (Livry), *en forme de gazette* (en vers). 3 oct. 1738. 8 gr. p. in-4.

476. **PIRON** (Alexis). *Le même.*

Discours sur les mœurs du temps (en vers). 14 gr. p. in-4. (Écriture de sa vieillesse).

« . . . .
« Je vous entends d'ici, mignons du nouvel age,
« Porte, bonhomme, porte ailleurs ton radotage!
« De tout temps le vieillard humoriste et cassé,
« Au présent qu'il envie, opposa le passé.
« Dis-nous. Lorsque du sang la douce effervescence
« Echaûfoit les esprits de ton adolescence;
« Ce beau zèle des mœurs, entroit-il dans ton plan,
« Et fut-ce là le ton que tu pris? Souviens-t-en!
« Je n'ai point oublié mes écarts de jeunesse,
« Ny pour m'en repentir attendu la vieillesse.
« Le Prélat (1) rigoureux qui m'en a châtié,
« S'il eût sçû mes remords, eût eû plus de pitié;
« . . . . »

(1) *Le R. P. Boyer, évêque de Mirepoix, qui, lorsque je fus nommé à l'Académie, sans que j'y eûsse pensé, força la bonté du Roy à m'exclure, en osant produire à S. M. l'ode à P..... L'humanité du prince adoucit sa rigueur d'une pension de cent pistoles sur sa cassette, et j'en joüis depuis 15 ans.*

477. **PIRON** (Alexis). *Le même.*

Épître à M. le comte de St-Florentin (en vers). 1727. 8 p. pl. in-4.

478. **PISTOLET** du citoyen Girardet (épreuve du).

Rapport des commissaires nommés par le ministre de la guerre pour l'examen et l'épreuve d'un pistolet présenté par le citoyen Girardet, armurier, à Porentruy, à l'arsenal de Paris, le 15 brumaire an V, signé par les commissaires, députés, L. B. Guyton, Borda, Régnier aîné, et F.-M. Aboville. 4 p. in-fol.

479. **PLUMIER** (le père C.), minime, naturaliste, auteur de l'*Art de tourner.*

L. aut. sig., à M. Paris, 11 juin 1702. 2 gr. p. in-4. (le haut et la marge extérieure jaunies par l'air). Plus deux notes aut.

480. **PLUQUET** (l'abbé Fr.-André), savant écrivain, auteur du *Dictionnaire des hérésies*, etc. Né à Bayeux (*Calvados*).

L. a. s., au doct. Sanches. Paris, 21 janv. 1781. 2 p. pl. in-4. Cachet.

Jolie lettre au sujet de deux célibataires normands qui lui sont arrivés par le carrosse. Ils sont aussi chastes que les plus austères thérapeutes, mais beaucoup plus gras; on lui mande qu'ils sont d'un bon conseil à table, etc.

QUATRIÈME VACATION.

Samedi 21 mai. — Nos 481 à 640.

481. **POINSINET** (Ant.-Alex.-Henri), auteur dramatique.

1° L. aut. sig., à M. Bauvais l'aîné, de l'Académie de Cortone, à Orléans. Au Palais Royal, 28 décembre 1756. 3 p. in-4 Cachet.

2° L. aut. sig., au même. 3 p. in-4. Cachet.

Ces deux lettres sont littéraires et artistiques. Intéressantes.

482. **POMPONNE** (Simon-Arnauld, marquis de), secrétaire

d'Etat, ambassadeur en Suède.

L. a., à M. d'Andilly, conseiller d'État. Stockolm, 30 octobre 1666. 2 p. pl. et demie in-8. Cachet. Jolie lettre.

483. **PONGERVILLE**, poëte, traduct. d'*Ovide* et de *Lucrèce*.

L. aut. sig., à M. Tissot. Nanterre, 2 novembre. 3 gr. p. pl. in-4.

Lettre intéressante au sujet d'un exemplaire de sa *Lucrèce*, en prose et en vers qu'il lui envoie.

484. **PONIATOWSKI** (le maréchal, prince Joseph).

Sa signature (en polonais), découpée d'une lettre ministérielle.

485. **PONTCHARTRAIN** (Louis Phélypeaux, comte de), chancelier de France.

Cinq lett. s., à M. le Grand, Procureur du roi, au présidial d'Orléans, à M. de Heere, etc. Versailles, 1693, à 1709. Ensemble, 15 p. in-fol.

Relatives à l'administration de la justice, à Orléans.

PONTCHARTRAIN (Paul Phélypeaux, de), secrétaire d'État. 1° L. aut. sig., à M. de Marville. Paris, 11 août. 1 p. pl. in-4. — 2° L. sig., à M. de la Bourdonnaye. Versailles, 28 décembre 1710. 1 p. in-fol.

Si le procureur du roi d'Orléans n'appelle point à minima du jugement rendu contre deux particuliers de Châtillon-sur-Loire, accusés d'avoir prêché à des assemblées de religionnaires, sa Majesté ne veut point qu'ils soient mis en liberté, mais au contraire qu'ils restent en prison jusqu'à nouvel ordre.

486. **PRASLIN** (le duc de Choiseul), assassin de sa femme.

L. aut. sig., *Choiseul Praslin*, à M. le colonel Coutelh. Paris, 3 mai 1832. 1 p. pl. in-8.

LUZY. (Mlle de), gouvernante des enfants du duc de Praslin. L. écrite par elle et signée par sa mère. 6 mars 1836. 1 p. pl. in-8.

487. **PRETRE MARIÉ.**

L. a. s., du citoyen Guillemaud, exerçant les fonctions du culte à l'Église Saint-André-des-Arts, adressée à la Convention nationale le 1er octobre 1793. 1 gr. p. in-fol. Il y a en tête le renvoi aux comités des représentants Pons (de Verdun), De Bourges, et Colombel.

Il se présente devant eux pour implorer de leur justice et de leur humanité des secours momentanés. Le décret qui reporte les pensions ecclésiastiques au mois de janvier, le prive de pain pendant ce long intervalle. « Il s'est uni par « les liens du mariage avec une citoyenne couturière de son état; elle est, comme « lui, pauvre en fortune, mais riche en patriotisme... Ils se trouvent l'un et « et l'autre, dans ce moment-ci, reduits à la plus affreuse misère. Sa jeune « épouse est enceinte de huit mois et demi, au premier jour elle va donner à « la République un citoyen ou une citoyenne, qui à l'exemple du père et de la « mère, voûra une haine éternelle aux tyrans et aux despotes..... »

488. **PREVOST DE LA JANNÈS** (Michel), magistrat et jurisconsulte, professeur de droit à l'Université d'Orléans. Né à Orléans en 1696. Mort en 1749.

1° L. a. s., à M. Jousse, conseiller au Présidial d'Orléans, à Paris. Orléans, 22 décembre 1733. 3 p. in-4. Cachet. Curieuse.

2° Cinq pièces et notes historiques aut. 7 p. in-4.

489. **PREVOST DE LA JANNES.** *Le même.*

L. a. s., à M. Jousse. Orléans, 23 décembre 1733. 4 p. pl. in-4.

Très-intéressante lettre sur l'usage de l'esprit et de la pénétration, de l'expression, de l'imagination, du jugement, etc.

490. **PREVOST DE LA JANNES.** *Le même.*

L. a. s., à M. Jousse. Orléans, 18 juin 1738. 3 p. pl. in-4. Cachet.

Demande de livres de droit... Il lui envoie par M. Rousseau ses notes sur *les Donations*... M. Pothier est fort entré dans sa pensée... Il veut du mal à M. Pothier de travailler si lentement à son traité sur les successions; il va le presser de finir sa tâche.....

491. **PREVOST DE LA JANNES.** *Le même.*

L. a. s., à M. Jousse, à Orléans. Villechaune, 18 octobre 1739. 3 gr. p. pl. in-4. Cachet. Très-belle lettre.

Il s'est enfin avisé de composer cette maudite préface à la coutume d'Orléans. C'est M. Pothier et lui qui en sont cause. Il aurait bien juré qu'il n'en ferait rien, après cela fiez-vous à un auteur qui jure. Comment il l'a composée, et sur quel plan... Il y développe d'abord l'origine des coutumes en parcourant successivement les différents états de la jurisprudence, depuis Jules César jusqu'au commencement de la troisième race, etc., etc.

492. **QUELEN** (Hyacinthe de), archevêque de Paris.
L. aut. sig., comme coadjuteur, à M. Guillon aumônier du Lycée Louis-le-Grand. Paris, 3 décembre 1820. 1 p. in-4. Curieuse.

493. **QUELEN** (Hyacinthe de), archevêque de Paris.
L. aut. sig., à Mgr... Paris, 27 septembre 1828. 1 p. in-4.

494. **QUELEN** (Hyacinthe de), archevêque de Paris.
L. aut. sig., à M. Paris, 29 oct 1825. 4 p. pl. in-4. Intérressante.

495. **RACHEL** (Mlle), célèbre tragédienne.
Billet aut. sig., à M... 1 p. in-18.

496. **RACHEL** (Mlle), célèbre tragédienne.
Billet de 4 lig. aut. sig. Paris, 25 mai 1848. demie p. in-8.
Félix (Sarah), sœur de la précédente. L. aut. sig. 1 p. in-8.

497. **RAILLON**, évêque d'Orléans.
Trois l. a. s., à l'abbé de Rochas, à Orléans, Paris, 1816. 3 p. in-4.

498. **RAVIGNAN** (le père X. de), célèbre prédicateur.
L. aut. sig, à M... Samedi 31 mai. 1 p. in-8.
Garnier (Jean), savant jésuite. N. 1612. M. 1681.
L. aut. sig., au R. P.... Au Mans, 20 avril 1699. 1 p. in-4.

499. **REGNAULT** (le père Noël), jésuite, professeur de physique au collége Louis-le-Grand.
Trois lett. a. s., à M. Prévost de la Jannès, conseiller au présidial, à Orléans. Paris, 1740-1745. 5 p. in-4.
Il a parcouru ses notes, elles sont élevées, judicieuses, savantes. Le discours préliminaire sur la coutume d'Orléans brille d'érudition, sans avoir rien de sec, on sent partout la main de l'académicien.....

500. **REMUSAT** (Charles de), littérateur.
L. aut. sig., à M. le maréchal... 4 gr. p. in-4. Intéressante.
Salvandy, ministre, membre de l'Académie Française. L. aut. sig., à M... Paris, 24 décembre. 2 gr. p. in-4.

501. **RETZ** (le cardinal de), auteur de *Mémoires*.
L. aut. sig.: *Le cardinal de Rais*, au marquis de Bissy, maréchal de camp des armées du roi. Commercy, 16 juin 1672. 1 p. in-4. Cachets et soies. Jolie lettre.

502. **RIGAULT** (L.), rédact. du *Journal des Débats*. M. 1858.
L. aut. sig., à M... Paris, 10 mars... 1 p. in-4.
Jussieu (Laurent de), auteur de *Simon de Nantua*. L. aut. sig. Paris, 18 nov. 1838. 1 p. pl. et quart in-4.
Le Bailly, fabuliste. L. aut. sig. 11 sept. 1 p. in-8. — Carte de visite aut.

503. **RIPAULT** (Louis-Madeleine), Orléanais, auteur d'une description de la Haute-Egypte.
Cinq lett. aut. sig., à divers. Orléans, Paris, etc. An X à 1821. 5 p. in-8 et in-4.

504. **ROBERT DE SAINT-VINCENT**, conseiller au Parlement de Paris.
Dix lett. aut. sig., à M. Jousse, à Orléans. Paris, 1758 à 1780. Ensemble, 13 p. in-4. Cachets.
Affaires diverses concernant l'Orléanais... « A l'égard de l'administration « cecy est plus délicat, mais plusieurs villes ont déjà donné des projets, et il « en faut un général; ce qui nous embarrasse le plus, c'est la vivacité des « évêques. Ils me tourmentent comme des diables dans des bénitiers pour y

« avoir la principale part. Les évêques pacifiques se remuent comme les autres, « et je ne scai si avant peu de jours nous n'aurons pas quelque incendie au « moins ou même de la part de quelques uns quelque censure contre les nou- « veaux colléges, faute d'avoir consulté les évêques... »

505. **ROBERT** (Ern.-Fréd.-Louis), célèbre poëte dramatique allemand.

L. aut. sig. (en allemand), à Elisa Vonder Becke. 18 déc. 1826. En partie en vers, avec un postscriptum de sa femme aut. sig. (en allemand, 1 p. et demie), aussi en partie en vers. Ensemble, 4 gr. p. pl. in-4.

506. **ROBESPIERRE** jeune, conventionnel.

L. aut. sig., à Saliceti. Nice, 2 messidor an II. 1 p. in-4. Tête imprimée.

Il lui envoie le rapport de la marine qui est intéressant pour la marine, en indiquant une partie des forces ennemies.....

507. **ROCHAMBEAU** (le comte de), maréchal de France.

1° L. aut. sig., à M... Rochambeau, par Vendôme, 19 décembre, 1778. 1 p. in-4.

2° L. aut. sig., à M... Paris, 22 juin 1789. 1 p. in-4. Cachet.

Rochambeau, gouverneur du Vendomois, père du précédent. Trois lett. aut. sig., à M. Le Clerc de Douy, procureur du roi, à Orléans. Vendôme, 1758-1765. Ensemble, 7 p. in-4. Cachets.

Rochambeau (madame Bégin de). L. aut. sig. 1758. 2 p. in-4.

508. **ROCHAS** (l'abbé de), Orléanais, helléniste.

Deux lett. aut. sig., à M. de la Place de Montevray, à Orléans. Orléans, 1820 et 1821. 2 p. in-4. Certificat aut. sig. 1813.

509. **ROCHECHOUART** (Jean-Victor de Mortemart, duc de).

Douze lett. aut. sig., à M. Le Clerc de Douy, procureur du roi au Baillage d'Orléans: Paris, Everly, Manneville. 1754-1756. Ensemble, 20 p. in-4. Cachet. — Plus, 3 lett. sig. 4 p. in-4. Cachets.

510. **ROGER DUCOS**, Conventionnel, du Conseil des Anciens, membre du Directoire, consul, sénateur, etc.

Sa signature, et celle de Romme, Richard, Phélypeaux, Reverchon et Bourgeois, au bas d'un certificat de vie du conventionnel Bourgeois (de la Seine-Inférieure). Paris, 12 frimaire an II. 1 p. in-fol. Vignette. Cachet de la convention.

511. **ROHAN SOUBISE** (Armand-Gaston de), évêque de Strasbourg, cardinal en 1712, membre de l'Académie franç.

Deux lett. sig. Versailles, 1740-1743. 3 p. in-4.

Rohan (Louis-Constantin, prince de), évêque de Strasbourg, cardinal en 1761. 3 lett. sig. Paris, 1769-1780. 4 p. in-4.

512. **ROHAN** (le cardinal de), premier aumônier de S. M. l'Impératrice-Reine.

L. aut. sig., à M... Paris, 13 juillet 1806. 1 p. in-4.

Guillon de Montléon (l'abbé), auteur de l'*Histoire du Siége de Lyon*. L. aut. Jeudi 10 février. 1 p. et demie in-12.

513. **ROLLIN** (l'abbé Charles), célèbre historien.

Cinq lignes aut. sig. (à la 3e personne, en latin). Ordre des études à l'Université, de mars à novembre. In-8 en travers. *Rare*.

514. **ROMAGNESI**, célèbre compositeur de romances.

L. aut. sig., au duc d'Aumont. Paris, 29 mai 1822. 3 gr. p. pl. in-4. Curieuse. Au sujet de son opéra de *Nadir*.

515. **ROSSET** (Henri-Marie-Bernardin de Rosset de Ceilhes de Fleury), archevêque de Tours.

1° Trois lett. aut. sig., à M. Trudaine. Tours, 1757-1768. 6 p. in-4.

2° Dix lett. sig., plusieurs avec de grandes apostilles aut., à M. Trudaine. Tours, etc. 1665-1670. 14 p. in-4.

Correspondance intéressante au sujet de l'incendie de l'Hôtel-Dieu, et de la construction du pont de Tours.

516. **ROTHELIN** (l'abbé Charles d'*Orléans* de), **littérateur**, membre de l'Académie française.

L. aut. sig., à M. Beauvais l'aîné, à Orléans. Jeudi soir, neuf avril, 1 p. in-4. Cachet.

517. **ROTHELIN** (l'abbé Charles d'*Orléans* de). *Le même.*

L. a. s., à M. Beauvais l'aîné, à Orléans. Jeudi. 1 p. in-4. Cachet.

518. **ROTHELIN** (l'abbé Charles d'*Orléans* de). *Le même.*

L. a. s., à M. Daniel Polluche à Orléans. 1er mai. 1 p. in-4. Cachet.

519. **ROTHELIN** (l'abbé Charles d'*Orléans* de). *Le même.*

L. a. s., à M. Daniel Polluche, à Orléans. 16 juin. 1 p. in-4. Cachet.

520. **ROTHELIN** (l'abbé Charles d'*Orléans* de). *Le même.*

L. a. s., à M. Daniel Polluche, à Orléans, 16 oct. 1 gr. p. pl. in-4. Cachet.

521. **ROUGET DE LISLE,** auteur de la *Marseillaise*.

Pièce de vers aut. 2 p. pl. in-4.

Contre la tyrannie des rois, au sujet de l'élévation de Napoléon à l'empire. Sixième strophe :

« . . . .
« En vain la crainte et la bassesse
« D'un culte adorateur avivent leur orgueil :
« Les rois meurent, le charme cesse,
« La vérité s'arrête au pied de leur cercueil.
« Debout, dans l'avenir, la justice implacable,
« Evoque leur gloire coupable,
« Veuve de ses illusions :
« Les cris des opprimés tonnent sur leur poussière,
« Et leurs noms sont voués par la nature entière
« A la haine des nations.
« . . . . »

522. **ROUSSEAU** (Jean-Jacques).

L. aut. sig., à M. Guy, chez Mme veuve Duchesne. Monquin, 29 janvier 1770. 1 p. pl. in-4. Il a écrit en tête :

« Pauvres humains que nous sommes!
« Ciel, démasque les imposteurs,
« Et force leurs barbares cœurs
« De s'ouvrir aux regards des hommes. »

523. **ROYOU** (Jacq. *Corentin*), histor. Né à *Quimper* (Finistère).

L. aut. sig., à M. de Kérivalant, à Nantes. Paris, 26 août 1811. 3 gr. p. pl. in-4. Très-intéressante lettre littéraire.

524. **ROZIER** (l'abbé), célèbre agronome.

L. aut. sig., à M. Courret de Villeneuve, à Orléans. Beauséjour, par Béziers, 25 avril 1784. 2 gr. p. pl. et quart in-4.

Tessier (l'abbé), célèbre agronome. L. aut. sig. Château de Rambouillet. 29 juillet 1786. 2 p. in-4. — Deux notes aut. 4 p. in-4.

Thouin (A.), directeur du jardin du roi. 1° Deux lett. aut. sig. 1783-an IV. 3 p. in-4. — Deux lett. aut. et une lett. aut. sig. (en partie brulée).

525. **SABAT** (Interrogatoire de participation au).

Minute originale signée *De Courtines* et *Verdet*, greffier, du second interrogatoire, et réponses de *Louis-Charles*, du 1er septembre 1660. 3 p. pl. et quart in-4, avec une copie moderne.

« Nous Antoine De Courtines, escuier, docteur ez droit, juge de Belley, sça-« voir faisons, que sur les réquisitions du procureur d'office, nous sommes « acheminés aux prisons de l'evesché où est détenu l'accusé où estant et dans la « seconde chambre de la d. esvesché, avons faict tirer des d. prisons icelluy « accusé, puis amenné par devant nous l'avons enquis s'il est souvenant d'avoir

« le jour d'hyer respondu par devant nous s'il confessa la vérité, et de mesme
« faict prester serment de dire la vérité, et enquis aussy de ses noms, surnom,
« aage, qualité, demeurance, et s'il sçait la cause de son emprisonnement.
« Respond qu'il est souvenant d'avoir respondu le jour d'hyer, et d'avoir con-
« fessé la vérité, s'appelle Louis Charles, du village de Coron, aagé d'environ
« cinquante ans, ne sachant aultrement la cause de son emprisonnement.
« D. Combien de fois il a esté au Sabat, et s'il y a longtemps qu'il n'y ayt pas
« esté :
« R. Ny avoir jamais esté.
« D. Sy estant au Sabat le Dyable la marqué à sa marque.
« R. Nestre point marqué à la marque du Dyable et estre bon crestien... »

526. **SADE** (le marquis de). Mort à Charenton en 1804.
Sujet de Zélonide, comédie en cinq actes et en vers libres. — Notes et extraits d'histoire ancienne. — Dialogue entre un prêtre et un moribond. — Notes et extrait d'histoire ancienne, etc. Cahier de 46 p. pl. aut., in-4.
SADE (Armand de), fils du précédent. L. aut. sig. 1 p. in-4.

527. **SAGE** (Balthasar-Georges), chimiste, fondateur de l'École des Mines, membre de l'Institut.
Six lett. aut. sig., à M. Defay, à Orléans. Ensemble, 8 p. in-8 et in-4. Curieuses.

528. **SAINT-ANGE** (*Fariot de*), poëte, membre de l'Institut.
L. aut. sig., à M. Legier, ex-législateur, à Orléans. Paris, 9 août 1808. 1 p. pl. in-4.

529. **SAINT-ARNAULT** (Armand-Jacques Leroy, comte de), a été engagé et a joué à la Gaîté, maréchal de France, ministre de la guerre. N. 1801. M. en Crimée en 1854.
L. aut. sig., à M. le docteur Chargé, à Marseille. Lyon, 19 avril 1853. 2 p. pl. in-8.
Lettre intéressante au sujet du rétablissement de sa santé... « Tout est pour « le mieux. Vous avez fait un premier miracle pour le corps, le brave curé « d'Hyères un second pour l'âme, et voici qu'il s'en opère un troisième dont j'irai « tout à l'heure remercier Dieu à Fourvières..... »

530. **SAINT-EVREMONT** (Claude *De Saint-Denis*, seigneur de), lieutenant des gardes du prince de Condé, littérat.
L. aut. sig., à l'abbé d'Hautefeuille, à l'hôtel de Bouillon, à Paris. Londres, 16 juin. 2 gr. p. pl. in-fol. Cachet.
Curieuse lettre écrite à quatre-vingt-sept ans.

531. **SAINT-EVREMONT.** *Le même.*
L. aut. sig., à l'abbé d'Hautefeuille (Londres). 7 avril. 3 gr. p. pl. in-4. Cachet.

532. **SAINT-EVREMONT.** *Le même.*
L. aut. sig., à l'abbé d'Hautefeuille. Angleterre, 12 mai. 2 gr. p. pl. in-4. Cachet.

533. **SAINT-EVREMONT.** *Le même.*
L. aut. sig., à l'abbé d'Hautefeuille. Londres, 4 mai, 3 gr. p. in-4. Déchirure aux marges extérieures.

534. **SAINT-EVREMONT.** *Le même.*
L. aut., à l'abbé d'Hautefeuille (Angleterre). 2 gr. p. in-4. Il y a écrit en tête de la main de l'abbé d'Hautefeuille. *R. par Mlle Lenclos, le 19 oct. 99.*

535. **SAINT-EVREMONT.** *Le même.*
L. aut., à l'abbé d'Hautefeuille. 1 p. pl. in-4.

536. **SAINT-EVREMONT.** *Le même.*
L. aut., à l'abbé d'Hautefeuille. 15 mars. 3 p. pl. in-8. Cachet.

537. **SAINT-EVREMONT.** *Le même.*

L. aut., à l'abbé d'Hautefeuille. 1 p. pl. et demie in-4. Déchirure par le cachet enlevé.

538. **SAINT-EVREMONT.** *Le même.*

L. aut., à l'abbé d'Hautefeuille 22 oct. 1 p. pl. in-4. Cachet.

539. **SAINT-EVREMONT.** *Le même.*

L. aut., à l'abbé d'Hautefeuille. 8 sept. 1 p. pl. in-4. Cachet.

540. **SAINT-EVREMONT.** *Le même.*

L. aut., à l'abbé d'Hautefeuille. 1 p. pl. in-4. Cachet. Très fatiguée, plusieurs déchirures.

541. **SAINT-FELIX** (François-Marie Desveaux, dit de), acteur comique, poëte, auteur dramatique.

Couronne impériale. Cantate, offerte à sa majesté l'empereur et sa majesté l'impératrice de Russie. 27 mars 1853. 2 p. in-4. — A sa majesté l'empereur de Russie. Pour le jour de sa fête. (en vers). 1847. Imprimé. 8 p. in-8.

Lettre à lui adressée par le ministre de l'empereur de Russie, lui envoyant une bague en diamants. Saint-Pétersbourg, 18-30 décembre 1838. 2 p. in-4.

542. **SAINT-HILAIRE** (Auguste de) naturaliste orléanais, membre de l'Institut.

Deux lett. aut. sig. 1815-1829, 2 p. in-4, et note aut.

543. **SAINT-JUST,** conventionnel. Mis à mort en 1794.

L. sig. (signée aussi par Le Bas), au citoyen Lenchère. Strasbourg, 5e jour du 2e mois de l'an II. Demie page in-4.

544. **SAINT-LAMBERT,** poëte, littérateur, de l'Acad. franç.

L. aut., à son ami... 4 gr. p. pl. in-4. Tachée de cire.

Belle lettre, la plus grande partie en vers.

545. **SAINT-LEONARD DE TUBEUF** (Confrérie du Très-Saint-Sacrement de l'autel érigée en l'église et paroisse de).

Acte de rétablissement de cette confrérie qui a existé de temps immémorial dans cette paroisse, statuts et ordonnances approuvés et signés par l'autorité ecclésiastique et les confrères, le 10 oct. 1651, avec d'autres approbations se continuant jusqu'à l'année 1760. Pièce sur parchemin. 2 gr. p. in-fol. Un peu rognée en tête et sur les côtés. Curieuse pièce.

546. **SAINT-MARSAN** (le marquis de), sénateur, ministre de Sardaigne, plénipotentiaire pour la Sardaigne aux congrès de Vienne et de Laybach.

Deux lett. aut. sig. 1835 et 1837. 3 p. in-4.

Parolétti (Gaëtan), général piémontais. 4 lett. aut. sig. 1819-20. 6 p. in-4.

Pavetti (Joseph), piémontais. 4 l. aut. sig. et 2 lett. sig. an XII à 1808. 17 p. in-4 et in-fol.

47. **SAINT-PIERRE** (Jacques-Henri-Bernardin de), auteur de ***Paul et Virginie***, des ***Etudes de la nature***, etc.

L. aut. sig., au citoyen Blancvillain. Essonnes, 1er messidor an IV. 1 p. in-12.

Il n'a point encore reçu d'exemplaires de sa 2e édition de *Paul et Virginie* en italien, etc.

548. **SAINT-SIMON-ROUVROY-SANDRICOURT** (Charles-François-Simon de), évêque d'Agde en 1759.

L. aut. sig., à M... Agde, 24 mai 1770. 4 p. pl. in-4.

Belle et intéressante lettre au sujet du volcan d'Agde, à la place duquel il fait faire des fouilles profondes, au mémoire de M. Allamand sur l'origine du charbon de terre, les bouleversements du globe, etc., etc.

549. **SAINT-SURIN,** professeur de littérature française à l'Acad. d'Orléans, édit. des lettres de Mme de Sévigné.

Neuf lett. aut. sig., à l'abbé de Rochas, et à M. de La Place, à Orléans. Paris, Angoulême, 1811-1823. Ensemble, 24 p. in-8 et in-4. — Plus, certificat d'assiduité aut. sig. 1814.

Curieuse correspondance bibliographique et littéraire.

Saint-Surin (madame Rosa de), femme du précédent, littérateur. Deux lett. aut. sig. 1838. 4 p. in-8.

550. **SALOMON DE LA SAUGERIE,** député du *Loiret* à l'Assemblée constituante.

Neuf lett. aut. sig., à M. Tassin de Villepion, commissaire du roi au tribunal du district d'Orléans. Paris, 1790-1791. Ensemble, 15 p. in-4. Cachets.

551. **SAND** (Georges), Mme *Dudevant.*

L. aut. sig., à M. Lasnier. 8 août 1841. 1 p. in-4.

552. **SAVANTS,** divers, artistes dramatiques, etc.

Geoffroy Saint-Hilaire; Letronne; Brongniart (Alex.); Molé (le comte); Montyon (de). L. sig.; Arlincourt (le général d'); Arlincourt (le vicomte d'); Arlincourt (la vicomtesse d'); Geffroy (Portr.); Lafon; Marie (Alexandre); Provost; Orianne; Raule; Marie (Mlle), l'une des reines de la Grande Chaumière. — Ensemble, 15 let. aut. sig. Très-beau lot.

553. **SAVANTS,** antiquaires, archéologues, botanistes, géographes, mathématiciens, naturalistes, etc.

Soixante-dix lett. et pièces sig., aut., et aut. sig., in-8, in-4 et in-fol. Très-beau lot.

554. **SAVANTS HOLLANDAIS.** 23 lett. aut. sig.

Almeloveen (Th. Jansson d'), professeur d'histoire, médecin, etc. Mort en 1742. Quatre lettres latines aut. sig., à Henri Sypenstein. Ensemble, 7 p. in-4.

Antonius de Heyde. L. aut. sig. (en latin), à Théod. Almeloveen. 15 sept. 1684. 2 p. in-4. Cachet.

Brinck (Cornelio). L. latine aut. sig., à Henri Sypenstein. 1698. 1 p. in-fol.

Brinck (Cornelio). Réponse (en vers latins) aut. sig., à des vers intitulés: *In convivium eruditorum*, composés par Henri Mulhius, de Brême. 1 g. p. in-fol.

Bomble (Christ. Joh.). L. latine aut. sig., à Henri Sypenstein. 1712. 4 p. in-4.

Honert (Taco Hajo). L. latine aut. sig., à Théod. Jansson Almeloveen. 1680. 2 p. in-4. Cachet.

Sypestein (Henri). Dix lett. latines aut. sig., à Théod. Jansson Almeloveen. Ensemble, 30 p. in-4.

Sypestein (Henri). L. latine a., à Arnold Bolchman. 1690 3 p. in-4.

Vescovius (Jean). Trois lett. latines aut. sig., à Théod. Jansson Almeloveen. 1706-1709. 7 p. in-4. Cachets.

555. **SAVOIE** (Victor-Amédée II, duc de), roi de Sicile, puis de Sardaigne.

L. aut. sig., à M. Crault, lieutenant-général de police. 25 mai 1730. 1 p. pl. in-8. Beau cachet.

Il est arrivé hier au soir tard, il ne veut pas que l'on sache qu'il est arrivé pour éviter les discours qui se pourraient faire.....

556. **SAVOIE** (maison souveraine de).

Charles-Emanuel, roi de Sardaigne. Brevet sig. (Parch.). 1766. — Victor-Amédée II, duc de Savoie. Brevet sig. (Parch.). 1778. —

Victor-Amédée III, roi de Sardaigne. L. sig., au duc de Penthièvre. Turin, 20 janv. 1781. 1 p. in-fol. Sceau. — Louis de Savoie. L. sig. Turin, 25 avril 1773. 1 p. in-4. — Anna d'Orléans, duchesse de Savoie, etc. Brevet sig. (Parch.). 1679. — Marie-Antoinette-Ferdinande d'Espagne, reine de Savoie, femme de Victor-Amédée de Savoie, morte le 10 sept. 1785. L. sig. *Marie-Antoinette*, au duc de Penthièvre. Turin, 14 janv. 1784. 1 p. in-fol. Sceau.

557. **SCHWEB** (Gustave), célèbre poëte allemand.

Deux lett. aut. sig. (en allemand). 12 oct. 1817. 1 p. et quart in-4, et 28 nov. 1818, 2 p. pl. in-4. Littéraires.

558. **SECOUSSE** (Denys-François), avocat, littérateur, membre de l'Académie des Belles-Lettres, a publié : *Recueil des ordonnances des rois de France*, etc.

L. aut. sig., à M. Polluche, à Orléans. Paris, 5 mars 1738. 3 p. pl. in-4. Littéraire et historique. Intéressante.

559. **SECOUSSE** (Denys-François). *Le même.*

L. aut. sig., à M. Polluche, à Orléans. Paris, 16 mars 1738. 3 p. pl. et demie in-4. Littéraire et historique Intéressante.

560. **SEGUIER** (Jean-François), antiquaire et naturaliste membre de l'Académie des Incriptions.

L. aut. sig., à l'abbé de Saint-Véran, à Carpentras. Nimes, 22 août 1777. 3 gr. p. pl. in-4. Cachet.

561. **SENATEURS,** *députés*, etc.

Cinquante lett. sig. et aut. sig., in-8 et in-4. Très-beau lot.

562. **SERPILLON** (François), lieutenant-général criminel, à Autun.

Huit lett. aut. sig., à M. Jousse, à Orléans. Autun, 1759-1768. Ensemble, 13 p. in-4. Intéressantes.

563. **SERVAN** (Joseph), ministre de la guerre sons Louis XVI, et général en chef des armées de la République. Né à Romans en Dauphiné, en 1741.

L. aut. sig., à M... Mardi, 4 oct. 1785. 7 gr. p. pl. et tiers in-4, d'une écriture très-fine et très-serrée.

Très-belle et très-curieuse lettre, relative à ses différents avec De Rozoy, au sujet de la publication et de la rédaction d'un journal militaire.

564. **SICARD** (l'abbé), instituteur des sourds-et-muets.

Quatre lett. aut. sig., à M. l'abbé Pataud et à M. Boinvilliers, à Orléans. Paris, an XIII-1813. Ensemble, 5 p. in-8, in-4 et in-fol.

565. **SOCIETE DES SCIENCES D'ORLEANS** (membre de la), et membres correspondants.

Brossard. 1822. — Dardonville. 1821. — Davezac. 2 lett. 1821. — Guyot. 2 lett. 1823. — Jourdan. 2 lett. et 1 pièce aut. 1826. — Kirkhoff (de), médecin à Anvers. 1825. — Lajoul. 2 lett. 1823-25. — Le Brun. 1821. — Pélerin de la Bunière. L. sig. 1784. — Tollenare (de). 1822. — Vergnaud Romagnesi. 9 lett. 1825-1836. — Ensemble, 22 lett. aut. sig., 1 lett. sig. et 1 p. aut.

566. **SOULAVIE** (l'abbé Jean-Louis *Giraud*), littérateur, historien. Né à l'*Argentière* (Vaucluse), eu 1752. M. en 1813.

L. aut. sig., au comte de Mirabeau. De Saint-Germain des Prés, 10 sept. 1789. 2 gr. p. pl. et quart in-4.

Lettre intéressante au sujet de la suppression des ordres religieux et de la situation qui lui a été faite par cet événement... « Si je ne peux haïr les aris- « tocrates, parce que ce sont des hommes, je désapprouve souverainement leur « conduite abominable. L'histoire m'a appris, aussi bien que le cours des évé- « nements politiques, tout le mal que le clergé, et les nobles d'abord, puis les « nobles, les parlements et le clergé ont fait à la nation... »

567. **SOULIE** (Frédéric), romancier, auteur dramatique.
Billet de trois lig. aut. sig., in-8.
SCRIBE (Eug.). L. aut. sig. 1834. 1 p. pl. in-8. Portr.
SOUMET (Alex.), de l'Acad. française. L. aut. sig. 1 p. in-4.
VIARDOT (Louis). L. aut. sig. 2 p. in-8.
VINET. L. aut. sig. Lauzanne, 30 janv. 1844. 1 p. in-4.

568. **SPINDLER** (Ch.), célèbre romancier allemand.
L. aut. sig. (en allemand), à M. Wilmans. Hanau, 30 oct. 1826. 1 gr. p. pl. in-4.
Très-intéressante lettre littéraire.

569. **STAEL HOLSTEIN** (Mme la baronne de).
L. aut. sig. (à la 3e personne), au ministre des finances. 9 nivôse. Demi-page in-8.
MONTOLOLIEU (Mme la baronne Isabelle de), auteur de *Caroline de Lichtefield*, etc. L. aut. sig.: *Isabelle*, à la citoyenne Adrien Lezai. Lauzanne, 12 juin. 1 p. pl. et quart in-4. Cachet.

570. **STATUAIRES**, peintres français.
DANTAN, jeune. L. aut. sig. 1838. 2 p. in-4. — PRADIER. L. aut. sig. 1 p. in-8. — COTTRAU (Félix). L. aut. sig. 1 p. in-8. — PRÉVOST. L. sig. 1821. in-4. — CRESPY LE PRINCE (le baron). Article aut. sur la Sapho de Pradier. 1 gr. p. pl. in-4.

571. **STOLZ** (Mme Victorine *Noël*, dame Lescuyer, dite Rosine), cantatrice de l'Opéra.
1° L. aut. sig., à M. Nonnou. 1 p. in-8.
2° L. aut. sig., à M... Bruxelles. 4 p. pl. in-18.
Curieuse. Elle le prie de n'apporter pas trop de ressentiment dans les affaires Debureau.
DEBUREAU, fils (Charles), premier Pierrot des Funambules. L. aut. sig., 1 p. in-8.

572. **SUARD**, littérateur, membre de l'Académie française.
L. aut. sig., au ministre des finances. Paris, 28 floréal an X. 3 p. pl. in-4.

573. **TALLIEN** (Mme), princesse de Chimay.
L. aut. sig.: *La princesse de Chimay*, à M... 1820. 2 p. in-8.

574. **TALLIEN** (Mme), princesse de Chimay.
L. aut. sig.: *La princesse de Chimay*, à M. Lavaux. 15 janv. 1819. 1 p. in-8.

575. **TALMA** (François-Joseph), tragédien célèbre.
Dix pages de notes aut. (Notes de livres à acheter, arrangement de jardin, constructions, etc.), in-8 et in-4.

576. **TALON** (Omer), avocat général au Parlement de Paris.
L. aut. sig., sur une consultation de droit adressée à Nublé, célèbre avocat au Parlement, avec la réponse de ce dernier. En tout, 2 p. et demie in-4. Cachets, et adresses de la main des deux jurisconsultes. Curieuse.

577. **THOKOLI** ou *Tékéli* (Etienne, comte de), prince de Transylvanie, surnommé le *Crésus* de Hongrie, à cause de ses grandes richesses qui lui attirèrent tous ses malheurs et sa mort.
L. s. (en latin), à l'Empereur. *Datum in Castro Muram, die* 16 *mensis Martii anno Dni* 1657. 2 gr. p. in-fol.

578. **TIEDGE** (Christophe-Auguste), poëte allemand.
L. aut. sig. (en allemand), à M... 2 p. pl. et demie in-8. Jolie let.

579. **TISSOT,** littérateur, membre de l'Académie française.
L. aut. sig., à son ami... 7 janv. 1813. 4 p. pl. in-8.
Curieuse lettre au sujet de la chaire de Delille qu'on veut lui enlever.

580. **TOLBECQUE** (J.-B.), composit. et directeur de concerts.
L. aut. sig., au général... 11 mars 1840. 3 gr. p. pl. in-4.
Réclamation relative au bal d'enfants qui a été décommandé, mais pour lequel aucun ordre écrit ne lui avait été donné, etc,

581. **TOULOUSE** (Marie-Vict.-Soph. de Noailles, comtesse de).
L. aut. sig., à Son Eminence... Rambouillet, 4 juillet... 2 p. pl. in-4. (Rognée à la marge intérieure jusqu'à la lettre).
Elle espère que la mort du roi d'Angleterre ne l'empêchera pas longtemps de venir à Rambouillet. « Souvenés vous, monsieur, que vos deux voiages nen « valle pas un, et que je suis toujours charmée quand vous y venés..... »

582. **TRESSAN** (l'abbé de), missionnaire en Palestine, directeur de Mme de Grignan, de la princesse de Conti, etc.
L. aut. sig., à Mgr... Au Puy, 23 oct. 1666. 3 p. in-4.

583. **TRONCHET,** avocat, défenseur de Louis XVI.
L. aut. sig., à M. le président... Orléans, le 25 juillet... 2 p. pl. in-4. Intéressante.
Au sujet de l'interprétation de la loi du 15 mai... Il n'a formé son opposition que dans l'unique vue de décharger sa conscience du reproche d'avoir consenti volontairement à une contravention à la loi.....

584. **TRUDAINE** (de), intendant général des finances, membre de l'Académie des Sciences.
1° Trois lett. aut. sig. — 2° Deux lett. aut. — 3° Trois lett. sig. 1743 à 1766, in-4 et in-fol.
TRUDAINE DE MONTIGNY, fils du précédent. Cinq lett. sig. 14 p. in-4 et in-fol.
TRUDAINE. L. aut. sig. 11 sept. 1766. 1 p. in-4. Cachet.

585. **VALAZÉ** (Charles-Eléonore *Dufriche*), député de l'*Orne* à la Convention. Né à Alençon en 1751. Condamné à mort le 30 octobre 1793 ; il se tua au moment où son arrêt fut prononcé.
Seize lignes aut. sig., sur un procès-verbal d'ouverture de scellés apposés sur des papiers saisis, devant contenir des preuves de conspiration, et transportés de la mairie, en présence de membres de la municipalité du comité de surveillance de la commune de Paris ; lesquels : *Delahaye*, *Cavaignac*, *Poullain Grandpré*, *Barbaroux*, *Pelletier*, *Bourdeuil*, *Lenfant*, etc., ont signé deux fois avec lui, aux deux vacations consacrées à la visite de ces papiers, le 5 oct. an 1er. Cette pièce intéressante, qui a 4 gr. p. in-fol., est incomplète de la fin. (Déchirure en tête dans le fond de la marge).

586. **VALOIS** (Charles de *La Mare* de), antiquaire, fils d'Adrien de Valois.
Pièce aut. sig., faite à la prière de M. De Boze qui la lui avait demandée. 1 p. pl. in-4.
Au sujet de la dissertation lue par lui à l'Académie, le 29 mars... sur les triomphes de Pompée et de Jules César, et l'objection qui lui fut faite sur un passage du chapitre II du 37e livre de Pline...

587. **VENCÉ** (Henri-François de), prévôt de l'église primatiale de Nancy, commentateur de la Bible.
L. aut. sig., à Mme Deshayes, libraire, à Paris. Nancy, 1er mars 1735. 2 p. pl. in-4. Cachet. Intéressante.

588. **VENISE.**
1° *Traité de paix* entre la République de Vénise et la République

française, signé à Milan, le 27 floréal an V (16 mai 1797), par Bonaparte, général en chef de l'armée d'Italie, et Lallemand, ministre plénipotentiaire, d'une part, et par MM. François Dona Lunardo Zustinian et Louis Mocenigo, au nom du grand conseil, d'autre part. — Copie certifiée conforme, signée par Morchetti, secrétaire de la municipalité provisoire de la municipalité de Venise. 2 p. et demie in-fol. Cachet en cire rouge.

2° *Artictes secrets* (cinq), faisant partie et suite du traité ci-dessus, signés à Milan comme dessus et par les mêmes personnages. 2 p. et demie in-fol. Cachet en cire rouge.

Article cinquième. « La Rép. de Venise remettra enfin aux commissaires à ce « destinés vingt tableaux et cinq cents manuscrits au choix du général en « chef..... »

589. **VENISE 1813-1814** (état de siége de).

Séras (le comte), général, commandant supérieur de Venise en 1813-1814. 1° Trois lett. et pièces sig. et aut., et six minutes d'ordres du jour. 1814. in-4 et in-fol. — Etat relatif au transport des magasins, in-fol.

2° Cahier manuscrit de 29 pages gr. in-fol., contenant les ordres du jour, à partir du 3 oct. 1813 (jour de la mise en état de siége), jusqu'au 20 mai 1814, époque de l'évacuation de cette ville par l'armée française.

3° Minute de la correspondance du général commandant, du 6 oct. 1813 au 21 mai 1814. Registre de 111 p. gr. in-fol.

4° Traité signé entre le commissaire de l'Autriche et le colonnel Rolland, délégué par le général Séras, concernant l'évacuation, par les Français, de Venise, etc., en 1814. Vu et signé par le gouverneur, général de division, comte Séras, et par le dit Rolland, colonel du Génie, avec le timbre du gouvernement. Venise, 24 avril 1814. 5 p. in-fol. à mi-marge.

590. **VERMANDOIS** (Hneriette-Louise-Marie-Françoise-Gabrielle de Bourbon-Condé, dite Mlle de), abbesse de *Beaumont-les-Tours*.

L. aut. sig., à son frère. 18 sept. 3 p. in-4. Jolie lettre.

Elle le supplie de faire payer la pension à madame de Fustemberg, la pauvre femme ne peut vivre sans cela... « Je vous prie de ne pas la mettre au rang des « gens marqués à la croix dont madame de Prye vous a parlé... »

591. **VILLARET DE JOYEUSE** (l'amiral), dit *Le Brave*, gouverneur de Venise. N. 1750. Mort à Venise en 1812.

L. aut. sig., au général Ernouf. Saint-Pierre (Martinique), 1er fév. 1808. 3 p. in-4.

Jacob, vice-amiral, ministre de la marine. L. a. s. Demi-p. in-4.

Sidney Smith (l'amiral). L. aut. sig. 1837. 1 p. in-8.

592. **VILLARS** (le duc de), maréchal de France.

L. aut. sig., à M... 2 p. et demie in-4. Il y a une traduction intercallée pour la plus grande partie de cette lettre.

593. **VILLARS** (le duc de), auteur des dragonades des Cévennes.

L. aut. sig., à M. d'Argenson. 26 nov. 1714. 2 p. pl. in-4. (En tête se trouve la sig. de M. d'Argenson).

594. **VILLENAVE**, littérateur, traduct. des *Métamorphoses*.

L. aut. sig., à Mme Eugénie Niboyet. Paris, 27 déc. 1843. 2 p. pl. et demie in-4. Très-intéressante.

595. **VILLEROY** (François de *Neufville*, duc de), maréchal de France. N. 1643. M. 1730.

L. aut. sig., à M... Du Grand-Kainy, 21 oct. 1 gr. p. pl. in-4.

596. **VILLETTE** (Charles), mari de Mme Denis, nièce de voltaire, député de l'*Oise* à la Convention.

L. aut. sig., à la suite d'une lettre de M. d'Offreville, datée de Paris, à l'hôtel de Caumartin (où Voltaire composa sa Henriade), rue Sainte-Avoie, le 27 avril 1763. 1 p. pl. et quart in-4.

597. **VILLEVIELLE** (L.), peintre paysagiste.

L. aut. sig., à M... Dimanche... 2 gr. p. pl. et demie in-8.
Lettre très-intéressante sur la composition d'un de ses tableaux. Est-il conçu dans les conditions qu'il lui développe?

598. **VILLOISON** (d'Ansse de), helléniste.

1° L. aut. sig. (à la 3e pers.), à M. de Rochas. 1 p. in-8.
2° L. aut. sig., au même. Lundi matin. 1 p. in-4.
3° Note bibliographique aut. 2 p. in-4.

599. **VOLTAIRE** (Franç.-Marie *Arouet* de). N. 1694. M. 1778.

L. sig. *V.*, au libraire Lambert. 1756. 1 p. pl. in-8. Inéd. Int.

600. **VOLTAIRE.** *Le même.*

L. aut. sig., à M. Balaidier. Ferney, 17 sept. 1762. 1 p. in-8.

601. **VOLTAIRE.** *Le même.*

1° *Instructions pour l'édition nouvelle qu'on prétend faire.* 33 p. in-4, avec des parties (seize lignes) de la main de Voltaire.
2° *Corrections et errata de l'édition de Rouen faites sur celle de Dresde* (non de la main de Voltaire). 12 gr. p. pl. in-fol. Ecrit. fine et serrée.
3° *Corrections de l'édition de Rouen faites sur celle de Dresde.* Décembre 1750 (non de la main de Voltaire). 16 gr. p. pl. et demie, très-grand in-fol. Ces correct. ne font pas double emploi avec celles du cahier qui précède. Elles concernent en partie *La Henriade*, les poésies, etc.

602. **WALLENSTEIN** (Albert-Venceslas-Eusèbe de Waldstein, dit), duc de Friedland, célèbre général de la Guerre de Trente ans. Assassiné en 1634.

Pièce sig. de ses initiales (en allemand). 9 mars 1630. 1 p. in-fol. Cachet.

603. **WASHINGTON** (Georges), président des Etats-Unis.

L. aut. sig. (en anglais), à M. David Humphrey. Esqr, 1er sept. 1785. 3 gr. p. in-4. Superbe lettre. Parfaite conservation.

604. **WIELLAND** (Christophe-Martin), surnommé le Voltaire de l'Allemagne. N. 1733. M. 1813.

L. aut. sig. (en allemand). 4 août. 1797. 5 p. pl. in-8. (Tache d'huile en tête).

---

605. **Abbayes, couvents,** etc. Soixante-quinze pièces, lettres et quittances d'abbesses, de religieux, etc., depuis le xve siècle, beaucoup sur parchemin.

606. **Angleterre** et **Anglais**. Pièces et documents relatifs à l'Angleterre, etc. Cinq pièces officielles et copies authentiques sur les deux affaires des deux officiers anglais à Paris en 1815. — Minute d'une correspondance d'un français prisonnier de guerre en Angleterre, 1803 à 1809. — Capitulation de Pondichéry en 1778. — Topographie de l'Angleterre, moyens de défense. 1804. — Bataille d'Oudenarde. 1708. — Seize lett. aut. et aut. sig. de divers, etc.

607. **Architecture** (travaux d'), projets, devis, ordonnances, travaux divers, quittances, etc.. Quatre-vingts pièces, environ, dont plusieurs imprimées. Discours prononcé par Bélanger à l'Académie d'architecture, devis des ouvrages à faire pour la construction d'un canal de

communication de la Loire à la Saône, mémoire relatif à la construction d'une machine pour manœuvrer les pont-levis...., mémoire sur la découverte d'un ciment impénétrable à l'eau...., etc., etc.)

608. **Bordeaux** (projet de bâtiment pour le petit séminaire de). Plan, et élévation et profil, lavés et coloriés (deux planches), et lett. sig. de M. Detournes, au maréchal duc de Belleisle, datée de Paris, le 2 mars 1759 (4 p. in-fol.), relative à ce projet.

609. **Clisson** (le connétable de). Comptes des recettes du château et de la terre de Blangy, appartenant au connétable de Clisson, à lui rendus pour ventes de vins, prés, bois, passage de bétail, etc., etc., de 1383 à 1386. 22 bandes sur parchemin, la plupart ayant près d'un mètre de longueur. Curieux.

610. **Correspondances** et pièces historiques sous Louis XIV et Louis XV. Nombreuses lettres du s[r] Bousquet de Colomiers, ancien sub-délégué de Toulouse, adressées à M. Duval, premier commis de la police. Lettres de Chamillart et de divers. Mémoires et pièces anciennes manuscrites. Ensemble, trois à quatre cents pages.

611. **Couvents, monastères de Paris**, etc. Soixante-neuf pièces, ou actes notariés signés par des religieux et religieuses, de 1636 à 1711, pour baux, inventaires, quittances, constitutions et transports de rentes, remboursement, etc. Deux à trois cents pages in-fol. Curieuses pièces pour l'histoire de Paris.

612. **Divers.** Minutes, copies, poésies, chansons, lettres et pièces diverses, en partie de Flamant Grétry. Ensemble, deux à trois cents pages environ, in-8, in-4 et in-fol.

613. **Ecouen** (Maison impériale Napoléon d'). Troisième projet d'agrandissement, devis et plan, coupe et élévation de la chapelle et de la maison impériale Napoléon d'Ecouen. Le devis de deux pages in-fol est signé par Peyre neveu. Les deux planches, plan, élévation et coupe de la chapelle, lavés et coloriés, sont également signés par Peyre neveu.

614. **Lycée des Arts** (Institution nationale du). Procès-verbaux originaux des séances de toutes les classes, de l'an IX à l'an XIV, contenant cinq à six cents pages in-4 et in-fol. signés par les membres du bureau. etc.

615. **Maudar,** architecte. Manuscrits provenant de son cabinet, mémoires de travaux, devis, plans, projets, mémoires de divers, etc. Ensemble, mille pages environ.

616. **Mémoires,** pièces diverses, historiques, etc. sur les fontaines. — Sur le Paraguay. — Sur plusieurs monuments antiques et modernes. — Sur le corps royal du génie. — Manière de faire les couleurs dont se servent les ingénieurs pour lever les plans. — Description des plantes des Indes. — Mémoire sur les Maîtres des Requêtes et Intendants en 1782. — Pièces historiques sur les armées françaises. — Mémoire sur la difficulté d'une descente en Angleterre de la part des Français, 1779. — Notes sur les phénomènes des courants dans le canal de Messine, 14 p. in-fol. et deux cartes coloriées, etc. Ensemble, 80 pièces, environ, formant plus de 300 pages in-4 et in-fol.

617. **Parlements de France.** Pièces et documents relatifs aux parlements de Besançon, Bretagne, Dijon, Grenoble, Metz, Paris, Provence, Rouen, Toulouse, etc. Mémoires, remontrances, procès criminels, affaires religieuses, impôts, etc., manuscrits sur le barreau, etc. Cent soixante pièces comprenant de sept à huit cents pages in-4 et in-fol. Très-intéressant dossier historique.

618. **Statistique de la France,** par Duguet. Manuscrit aut. Chaque département forme un cahier séparé in-fol. Les 2e (Aisne), 59e (Oise), et 77e (Somme), manquent. Ce manuscrit, exécuté avec soin, peut être relié, le papier étant uniforme.

619. **Armement,** équipement et habillement des divers corps de l'armée

française, de 1687 à 1800. Quatre-vingt dix pièces, mémoires, ordonnances, arrêtés, projets, devis, lettres et communications diverses, relatifs à l'armement, l'équipement et l'habillement des différents corps de l'armée française, cavalerie et infanterie. Réunion intéressante de documents bons à consulter.

620. **Artillerie**, mines, constructions, etc. Mémoires d'artillerie, par De Chermont du Poucet. 1785. 25 p. in-fol. Mémoire spéculatif sur les revêtements de maçonnerie en décharge, par Boucher de Morlaincourt, 1775. Texte et planches, 24 p. in-fol. — Mémoire pour la construction de la nouvelle machine aspirante, à l'usage des mines. 1774. 30 pages de texte et 16 planches. — Mémoire militaire sur les frontières de Savoie et Piémont. 26 p. in-fol, et Mémoire sur la place de Maestricht. — Mémoire géographique sur le Portugal. — Mémoire sur Germesheim. — Mémoire sur la ville de Fontarabie en Espagne, en 1695. — Mémoire sur la situation, l'air et les eaux de la ville de Toulon, par de la Berthonye. — Mémoire sur la place de Navarreins.

621. **Batailles**, siéges, etc. Mémoire et relation du combat de Turquem, gagné parTurenne en 1675. — Mémoires des choses qui pourraient faciliter le siége de Nieuport. — Le projet du siége de Nieuport en 1683. — Mémoire du siége de Bergop-Zoom, en 1622, avec trois cartes et plans. — Journal du siége de Bois-le-Duc et de Crève-Cœur an III. Journal du siége de l'Ecluse et de la prise de l'Ile de Cisane an II. — Mémoire.... du blocus et du siége de Prague en 1742. — Journal de la défense de Laudau, assiégé en 1704... — Réflexions de M. de Vauban sur la prise de Menin en 1706. — Diverses pièces sur l'attaque des places, extraits d'ouvrages sur l'art de la guerre, etc. Trois à quatre cents pages in-fol. Curieux dossier.

622. **Campagnes**, siéges, batailles, etc. Mémoire et relation de la bataille de Sens, gagnée par le prince de Condé, en 1648, par Coste. 1746, 16 p. in-fol. — Mémoire et description de la bataille du Texel, en 1653. Campagne de 1734 sur la Moselle. 31 p. in-fol. — Mémoire et journal du siége de Gironne, en 1694. 1 p. in-4 et in-fol. — Combat de Dettingen, en 1742. — Bataille de Rosbach. — Journal de la campagne de 1747. — Relation du bombardement de gênes, en 1684. — Bataille d'Anguien. — Débarquement des Anglais à Brest, en 1694. — Devant Alger en 1682. — Siége de Kelh, en 1703. — défense de Wesel, en 1760. 17 p. in-fol. — Relation de la bataille de Rosbach. — Mémoire du siége de Bonn, en 1663, — et 4 autres Mémoires, etc.

623. **Fortifications**, mines, poudres, etc. Mémoires sur le nouveau système et projets de fortifications proposés pour Metz, par M. Bellidor. 1740. 20 p. in-fol., et Deux cartes lavées et coloriées. — Mémoire sur la fortification pour Lille, par Boisforest. Lille 1767, avec 4 plans lavés et coloriés. — Autre Mémoire sur la fortification (pour Metz), par le même. 1768, 5 p. in-fol. — Quatre plans lavés et coloriés, et Mémoire sur la fortification du nouveau système de M. Boisforest, par M. Poisson. 4 p. in-fol. et un plan colorié. — Mémoire de M. De Lafitte sur la fortification passagère, 22 p. in-fol., et huit planches au trait. — Mémoire sur une nouvelle théorie de la science des mines, confirmée par un grand nombre d'expériences faites à l'Ecole d'artillerie de la Fère, par Bélidor, en 1729. 68 p. in-fol., et 16 planches coloriées. — Mémoire sur la fabrication et la perfection de la poudre, par Guardia. 1791. 32 p. in-fol.

624. **Frontières de l'Alsace** (Mémoire sur les places fortes des). Ce Mémoire décrit la ville et le château de Belfort, le plan et le relief de la ville et du château. — La situation d'Huningue et de Landskroow. — La situation de Neuf-Brisack. — Schlestatt. — Strasbourg et fort de Kelh. — Citadelle de la Saverne. — Phalsbourg. — Haguenau. — Weissembourg. — Lauterbourg. — Landau, etc. 86 gr. p. in-fol. — Plan de

la forteresse et des environs de Belfort, dressé sur une très-grande échelle (en 1722), lavé et colorié. Très-grand in-fol. (grand aigle). — Autre plan de Belfort. dessiné, lavé et colorié le 3 février 1733, à Belfort, par Petit de Letoffe. gr. in-fol.

625. **Landau** (ville et forteresse de). Projet de la fortification de Landau, par Vauban. Copie faite à Valenciennes le 1er sept. 1773. 24 p. in-fol. Autre copie du même, mais incomplète.—Journal du siége de Landau en 1702, par M. de Breande, copié au Hâvre-de-Grâce en 1772. 65 p. in-fol. — Mémoire et relation de la défense de Landau, en 1704, par de Joinville, ingénieur en chef de Béthune, employé à la défense de cette place. Copie de 30 p. in-fol.—Mémoire concernant la manœuvre qu'on peut faire avec les eaux de la Queich, à Landau, 1713.

626. **Paratonnerres pour les poudrières**. Sept plans figuratifs, détails, etc., pour la construction des paratonnerres, dessinés, lavés et coloriés.—Instruction sur les paratonnerres, pour servir à l'établissement de ces appareils au-dessus des magasins à poudre, adoptée par le comité des fortifications dans sa séance du 25 août 1807, suivie des rapports, etc. Paris, impr. impériale, 1808. 38 p. in-fol. Planche gr. —Extrait des registres de l'Académie des sciences du 24 avril 1784, et diverses pièces et copies manuscr., sur le même sujet. 42 p. in-fol.

627. **Plans originaux** *de forteresses, de villes de guerre, projets de fortifications*, etc. Ces plans et cartes, au nombre de cinquante-quatre, lavés et coloriés, de tous formats, comprennent: Bapaume, Bayonne, Béthune, Bouillon (1726), Charleroy (deux), Coblentz, Condé, Cuxhaven (1812), Douai, Figuières (deux), Fribourg (deux projets d'attaque, (1744), Genève, Hanau (deux), Liége, Louvain (cinq pour la succursale des invalides, et trois pièces manuscrites, arrêtés, devis, etc., 19 p. in-fol.), Luxembourg (sept), Metz (quatre), Montpellier (cinq plans de l'école régimentaire de Montpellier, projet d'attaque d'Ypres, etc.), Orbitello, Porto-Ferrajo (quatre), Saint-Domingue (1768), Strasbourg (plan pour vingt fours de munition, 1684), Toulon, Venise (deux), Vernon (cinq, casernement, 1834).—Plus, vingt autres plans originaux, et vingt pièces et documents manuscrits et imprimés sur la guerre. etc.

628. **Portoferrajo** (défense de). Quatre plans originaux des travaux de défense de Porteferrajo, lavés et coloriés (1758 et 1762). — Et: projet de défense de Portoferrajo (1758). — Dispositions pour le génie. — Osservazzioni sul Fronte di Mare di Porto-Ferrajo, Fatto in Porto-Ferrajo li 19 di maggio 1758, avec les signatures des quatre membres du conseil de guerre. Cachet. 15 p. gr. in-fol.—Et diverses autres pièces manuscrites en français et en italien. Ensemble, 70 p. in-4 et in-fol.

629. **Siége de Turin en 1706.** Relation de ce siége copiée au Hâvre-de-Grâce, le 15 juin 1772. 10 gr. p. in-fol. — Plan original des attaques de Turin, lavé et colorié, grand-in-fol.

630. **Siéges, fortifications, défense de places**, etc. Cent trente pièces, relations et journaux de siéges (Savannah, Ismaïl, Nimègue, Nieuport, Lauterbourg, Nice, Venlo, etc.). Mémoires sur le système des trilatères, sur les fortifications de Sarrelouis, sur le projet de mettre Longwy en état de défense, sur la place d'Huningue, sur la défense de la frontière d'Alsace, concernant l'établissement d'un port et arsenal de la marine à la Hogue, sur l'administration des fortifications, sur le corps du génie, sur la réforme projetée d'un grand nombre de nos places de guerre, etc., etc., plusieurs avec cartes et plans. Ensemble, deux mille pages environ. Lot important.

631. **Strasbourg**, *Alsace* (manuscrits sur). Réflexions sur les fortifications de la ville de Strasbourg. 47 p. in-fol. — Plan de la ville et forteresse de Strasbourg et ses environs. Grande et belle carte lavée et coloriée. —Mémoire militaire sur la province d'Alsace, par Taverne de Longchamp. Belfort, 2 mars 1768. 56 p. in-fol.—Autre copie du mémoire

qui précède. — **Mémoire** qui doit servir d'instruction particulière sur le pays contenu dans la carte de la partie d'Alsace située entre les montagnes de Lorraine, et les rivières du Rhin, la Motter, la Soor et la Brusch. 96 p. in-fol. Autre copie du même. 50 p. in-fol.— Mémoire et observations sur la garde du Haut-Rhin, par le chevelier d'Espagnac, etc. 1743. 15 p. in-fol.

632. **Tactique**, *Charges et portées des bouches à feu, fortifications*, etc. Réfutation de M. Desclaisons, relative au rapport de la science des fortifications, avec la tactique et avec la guerre en général. Calais, 1775. 44 p. in-fol. — Lettre du chevalier de Vialis, à M. de Guibert, 1773, copiée à Valenciennes en 1774. 10 p. in-fol. — Mémoire sur les écorchements des places revêtues en briques. 1758. 8 p. in-fol. — Mémoire sur un système de fortification extérieure et intérieure, par De Chermont. 1788. 25 p. in-fol.—Du nivellement, 3 mémoires, 34 p. in-fol.— Mémoire sur les charges et les portées des bouches à feu... 1772. 42 p. in-fol. — Méthode pratique pour les mines ou pétards. 4 p. in-fol.— Essai sur le tracé, le relief et la construction des fortifications, par Duvignau... 87 p. in-fol. — Mémoire sur la vallée de Seillac..., par Bourcet. 12 p. in-fol. — Devis de la ligne de circonvallation d'Ath, en 1697, par Vauban. 6 p. in-fol. — Et deux autres mémoires...

633. **Toscane** (anciens mémoires sur les places et forteresses du grand duché de). Description des places, des petites forteresses, des châteaux et tours maritimes du grand duché de Toscane. Florence, Pistoie, Monte-Carlo, Pise, Portoferrajo, Sienne, Volterre, Arezzo, Delsole, Saint-Martin, Ditigliano et Sorano, Rodicofani, Montepulciano, Cortone, Bourg-St-Sépulcre, Saseo di Simone, Pètra Santa, Fioizzano, etc., etc., manuscrits en français et en italien, formant 31 cahiers in-fol. — Plus, trente pièces manuscrites, in-fol., de mémoires et pièces sur les projets de fortification et de défense de la Toscane de 1811 à 1813.— Et quatre planches coloriées pour le port de Livourne.

634. **Ancône** (occupation d'), par l'armée française. Livres d'ordre du général Gazan. 1° Correspondance avec M. l'ambassadeur de France à Rome, MM. les ambassadeurs et chargés d'affaires, consuls, etc., commencée le 4 janvier 1837.— Id. avec le ministre de la guerre, du 4 juillet 1837 au 31 octobre 1838. 2 vol. — Id., avec les présidents, les commissaires du roi, et les capitaines rapporteurs des conseils de guerre, etc. — Id., avec le sous-intendant militaire... — Id., avec les autorités civiles et militaires du pays. Ensemble, 6 registres in-4 et in-fol.

635. **Ancône** (occupation d'), par l'armée française. 1° Livre d'ordre du 27 février au 27 décembre 1836. — 2° Livre d'ordre du 4 janvier au 11 nov. 1838. Deux copies, dont une en partie de la main du général Gazan. Ensemble, 3 registres in-4.

636. **Camp de cavalerie de Lunéville en 1827**. Journal des différents exercices qui ont eu lieu au camp. Manuscrit original et officiel. Registre gr. in-fol.

637. **Fontainebleau** (école spéciale militaire de). Entrées et sorties des élèves du n° 1er au n° 500 (à dater des mois de floréal an XI et pluviôse an XII, et leur position actuelle, 1847). 2 vol. — Etat nominatif des élèves du n° 1er au n° 500, et leur position au 1er janvier 1847. 1 vol. Ces trois volumes (grand in-fol.), ou registres, sont écrits avec le plus grand soin, l'écriture est des plus belle.

638. **Gazan** (le général, baron). Cinq registres contenant des états de services de maréchaux, généraux, lieutenants-généraux, etc., etc., et le registre de sa correspondance commencé le 1er janvier 1845.

639. **Vial** (le général), ambassadeur en Suisse. Minute de sa correspondance avec M. le Landamman de la Suisse, du 25 février 1804 au 7 juin 1808. Registre de 108 p. gr. in-fol.

640. **Galeries publiques de l'Europe** (catalogue des tableaux des). Cartes (descriptives et manuscrites) qui ont été levées des tableaux de de ces galeries, provenant du cabinet de M. Duchesne aîné, conservateur des estampes à la bibliothèque Impériale.— Chaque galerie pourra être vendue séparément.

Amsterdam (420 cartes).
Anvers (223 cartes).
Bruxelles (193 cartes).
Dresde (1350 à 1400 cartes).
Dijon (394 cartes).
Gand (130 cartes).
La Haye (328 cartes).
Leuchtenberg (213 cartes).
Liechtenstein (597 cartes).
Lille (106 cartes).
Lyon (136 cartes).
Madrid (750 cartes).
Munich (1295 cartes).
Rouen (122 cartes).
Sans-Souci (164 cartes).
Stockholm (880 cartes).
Vienne (1290 cartes).

FIN.

Paris. — Typographie de Gaittet, rue Gît-le-Cœur, 7.

CORRESPONDANCE DE BÉRANGER.

Les éditeurs de la Correspondance de Béranger viennent d'adresser aux journaux la lettre suivante :

Paris, le 26 février 1859.

Monsieur le Rédacteur,

Nous devons bien des remercîments aux rédacteurs et aux directeurs des journaux qui ont reproduit avec tant d'empressement notre circulaire du 20 décembre relative à la publication de la Correspondance générale de Béranger.

Nous disions dans cette circulaire : « Ce n'est pas la seule his-« toire du poëte que ces lettres contiennent. L'histoire même de la « France et de ses meilleurs citoyens y trouvera plus d'une belle « page à recueillir. Littérature, philosophie, politique, cette cor-« respondance précieuse embrasse tout ce qui a été pendant près « d'un demi-siècle la force et l'orgueil de la France ; et c'est un « honneur pour le plus élevé d'entre nous, comme pour le plus « humble, d'avoir été l'ami ou le correspondant d'un tel homme. »

Et nous ajoutions : « Nous remercions d'avance les personnes qui « voudront bien, soit nous confier momentanément les autographes, « soit nous adresser les copies certifiées des écrits qu'elles possè-« dent, et y joindre, en cas de besoin, les éclaircissements que « ces pièces comportent. Aucune lettre n'est inutile ; et celle qui « paraît n'avoir en soi aucune importance, souvent, donne de la « valeur à une autre. »

Notre appel a été entendu et nos espérances dépassées. De toutes parts les adhésions les plus encourageantes et les communications les plus précieuses nous arrivent. Nous allons atteindre le chiffre de 2200 lettres recueillies. Et ce n'est qu'une partie de ce qu'on a bien voulu nous promettre et de ce que nous attendons.

C'est non-seulement avec l'empressement le plus vif, c'est avec la délicatesse la plus marquée que chacun a voulu prendre part à cette entreprise. Nous serons heureux, en publiant le Recueil que toute la France nous a aidés à faire, de dire quel a été le caractère de son concours.

Il nous reste à prier les personnes qui ont encore des lettres autographes à nous confier ou des copies de lettres à nous envoyer, de nous les faire parvenir le plus tôt possible. Nous sommes pressés d'arriver à la fin de notre tâche ; mais comme les matériaux se présentent avec une abondance toujours plus grande, les difficultés de cette tâche grandissent chaque jour.

Nous ne nous attendions ni à trouver partout tant de collaborateurs ni à recueillir de si nombreuses lettres[1]. Nous savons combien le concours de la presse nous a été utile. Aussi nous vous demandons avec confiance de fortifier de votre publicité ce nouvel appel que l'importance de nos travaux et l'intérêt même du public ont rendu nécessaire.

Veuillez nous croire, Monsieur la Rédacteur, avec reconnaissance,

Vos très-humbles serviteurs.

PERROTIN,
EXÉCUTEUR TESTAMENTAIRE DE BÉRANGER,
41, rue Fontaine-Molière.

Paul BOITEAU,
108, rue du Cherche-Midi, à Paris.

1. Les 2,200 pièces que nous avons entre les mains, vont de 1808 à 1857.

Il sera fait mention dans cet important recueil, des noms de tous ceux qui auront bien voulu aider les éditeurs à accomplir leur tâche. Cette marque de gratitude est due à tous ceux qui mettent leurs collections à leur disposition.

www.ingramcontent.com/pod-product-compliance
Ingram Content Group UK Ltd.
Pitfield, Milton Keynes, MK11 3LW, UK
UKHW031947260826
14628UKWH00004B/1915

9 782329 584188